Seite zuvor:
Fabrikareal der
Firma Legler
in Ponte San Pietro
(Bergamo),
erstes Drittel des
20. Jahrhunderts.

Schweizer Pioniere der Wirtschaft und Technik
Band 99

Andréa Kaufmann

SPINNEN
WEBEN
DRUCKEN
Pioniere des Glarnerlandes

INHALT

06 Auftakt

10 **Einleitung**
Textilindustrie: Wiege der Glarner Wirtschaft – Kapital, Tradition und Gestaltungswille – Drei Firmen, drei Profile – Grosse Herausforderungen

I

14 **Legler & Co. in Diesbach und Ponte San Pietro (Bergamo)**
Frühe Anfänge am Diesbach – Handspinnerei zur Existenzsicherung – Vom Schulmeister zum Handelsmann – Pionierhaftes Handweberei-Unternehmen – Firmengründung dank reichem Onkel – Wie weiter nach Joachims Tod? – Aufschwung und Trauer in Diesbach – Wie der Vater, so der Sohn? – Arbeit und Freizeit – Neuer Wirkungskreis in Italien – Ein gutes Omen – Bergamo und die Glarner Unternehmer – Standesgemässe Wohnsitze – Der Heimat stets eng verbunden – Diesbach unter Strom – Investitionen im Glarnerland – Erfolg mit Cord und Denim – Eine ideale Ergänzung – Jeans im Management – Von der Industrie zur Dienstleistung – Vermächtnis der Familie

II

48 **(Barth.) Daniel Jenny & Cie. in Ennenda und Haslen**
Vom Friseur zum Fabrikanten – Handweberei und Handel – Einstieg ins Druckgeschäft – Eine geschäftliche und familiäre Fusion – Nach dem Tod des Firmengründers – Unabhängig und flexibel – Jakob Trümpys Unternehmergeist – Grösster Arbeitgeber im Kanton – Angesehener Industrieller und ehrbarer Wohltäter – Niedergang des Stoffdrucks – Zurück zu den Anfängen –

Baumwollmangel und Preiszerfall –
Die sechste Generation übernimmt –
Vom Handwebstuhl zur Hightech-Maschine –
Neues Leben in Ennenda

III
74 **Fritz + Caspar Jenny
in Ziegelbrücke**
Kindheit in der Fabrik – Getrennte Wege –
Vom «Spin-Off» zur Spinnerei – Ein kurzer
Ruhestand nach erfolgreichem Schaffen –
Ziegelbrücke wird Knotenpunkt –
Einstieg der Söhne – Grosse Wohltäterin und
selten gewordener Fabrikantentypus –
Ein Opfer der Flammen – Tod am Nil – Fehler
machen erlaubt – Ausbau nach dem Krieg –
Die USA als Vorbild – Rezession und
Kurzarbeit – Hoher Besuch – Alle Optionen
diskutiert – Spezialisiert auf Qualitätsware –
Der Kreis schliesst sich

IV
104 **Glarus: Der ehemalige Textilkanton
erfindet sich neu**
Maschinenbau und Kunststoff –
Confiseur Läderach: Pionier der Pralinen-
produktion – Die Wasserkraft als Motor
der Glarner Industrie – Fazit

ANHANG
110 **Bibliografie**
114 **Bildnachweis**
115 **Dank**
116 **Donatoren**
119 **Impressum**

AUFTAKT

«Der Kanton Glarus hat es verstanden, Ideen, Menschen und Materialien aus der ganzen Welt zusammenzubringen, durch Innovation einen Mehrwert zu schaffen und das Ergebnis danach wieder in die ganze Welt zu exportieren. Offenheit, Innovation und Liebe zur Qualitätsarbeit sind bis heute das Erfolgsrezept des Glarnerlandes und die Grundlage für das Erfolgsmodell Schweiz.»
*Bundespräsident Didier Burkhalter
bei der Ansprache zum 1. August 2014 in Ennenda*

Pioniergeist ist den Glarnerinnen und Glarnern von jeher eigen. Von Natur aus alles andere als verwöhnt, haben sie es durch Fleiss, Unternehmergeist und Ausdauer schon früh zu ansehnlichem Wohlstand gebracht. Den wirtschaftlichen Aufschwung im 19. Jahrhundert verdanken die Glarner beherzten Textilunternehmern. Diese betrieben anfänglich einfache Handwebereien, später stellten sie ihre Textilerzeugnisse in industriellem Umfang her. Mit ihren hochmodernen Produktionsstätten legten sie den Grundstein für eine frühe erfolgreiche Industrialisierung des Glarnerlandes.

Diesen Pionierband verdanken wir der Initiative und den Vorarbeiten von Professor Hans Jakob Streiff, dem langjährigen Leiter des Thomas-Legler-Museums in Diesbach, einem profunden Kenner der Verhältnisse und der Geschichte des Kantons Glarus. Die Grundlage dazu schuf er mit seiner zweitletzten Ausstellung im Legler-Museum unter dem Thema «Ein Blick zurück und nach vorn. Beitrag zur Wirtschaftsgeschichte des Glarnerlandes». Für dieses, sein Vermächtnis sind wir Hans Jakob Streiff zu grossem Dank verpflichtet.

Stellvertretend für weitere Textilunternehmerfamilien (zu denen z.B. die Familien Blumer und Streiff gehören), wird im vorliegenden Band die Erfolgsgeschichte der Glarner Textilindustrie anhand der Leistungen der Firma Legler aus Diesbach (Glarus Süd), der Familie Jenny aus Ennenda (Glarus Mitte) und der verwandten Familie Jenny aus Ziegelbrücke/Niederurnen (Glarus Nord) beschrieben. Diese Auswahl schmälert die Verdienste von nicht angeführten Textilunternehmen in keiner Weise.

Den Donatoren, die das Zustandekommen des vorliegenden Pionierbandes finanziell unterstützt haben, möchte ich an dieser Stelle herzlich danken. Sie haben es ermöglicht, der Öffentlichkeit ein wichtiges Kapitel der Glarner Wirtschaftsgeschichte näherzubringen.

Panta Rhei, dementsprechend passen die Glarner ihre Wirtschaft stetig neuen Verhältnissen an: «Das Glarnerland zeigt, dass auf dem Humus verblichener Industrien neue Unternehmen spriessen können und dass ein über Generationen gepflegter Unternehmergeist Mittel und Wege findet, um an die bald 200-jährige Glarner Erfolgsgeschichte anzuknüpfen. Der Industriestandort Glarus verfügt durchaus über Trümpfe im globalen Wettbewerb, die es zu pflegen gilt. Dazu gehören ein flexibler Zugriff auf gut qualifizierte Arbeitskräfte, attraktive Steuern sowie optimale Verkehrsanbindungen an die Ballungsräume. Nicht weniger wichtig ist es aber, die eigene Industriegeschichte zu leben, statt sie verstauben zu lassen. Die gegenwärtigen Probleme in Dienstleistungsbereichen rufen die Attraktivität des produzierenden Gewerbes wieder in Erinnerung.»[1]

Dr. Kurt Moser
Präsident des Vereins für wirtschaftshistorische Studien

---

[1] Credit Suisse/Swiss Issues: Regionen: Der Kanton Glarus. Struktur und Perspektiven, 20.01.2009.

Ein Arbeiter am Werk in der Bleicherei in Ponte San Pietro, um 1950.

EINLEITUNG

Textilindustrie: Wiege der Glarner Wirtschaft

Das Glarnerland, vormals ein auf Land- und Alpwirtschaft basierendes Bergtal, entwickelte sich zu einer der am frühesten und am stärksten industrialisierten Regionen der Schweiz. Den Anstoss dazu gab die Glarner Textilindustrie; ihre rasante Entwicklung im 19. Jahrhundert bezeichnet man gemeinhin als «Glarner Wirtschaftswunder».

Dominierend im Kanton war die Stoffdruckerei. In diesem Bereich nahm das Glarnerland Ende der 1860er-Jahre schweizweit den ersten Platz ein, gefolgt von der Weissweberei im zweiten und von der Baumwollspinnerei im dritten Rang. In den Spitzenjahren arbeiteten mehr als die Hälfte aller Glarner Beschäftigten in der Textilindustrie; zwei Drittel davon oder rund 5500 Personen (ohne Kinder) in den 22 Stoffdruckereien. Weitere 3800 Personen waren in den 18 Spinnereien und 17 Webereien angestellt.

Ausschlaggebend für die Ansiedlung von Textilfabriken im Glarnerland war die Existenz von Flüssen und Bächen mit einem natürlichen Gefälle; diese trieben jahraus, jahrein Wasserräder an und blieben auch im Winter eisfrei. Hinzu kam, dass die Nutzung der Wasserkraft keiner staatlichen Bewilligung bedurfte: Wer entlang eines fliessenden Gewässers Boden besass, konnte die Wasserkraft nutzen. Oft traten Gemeinden solche Grundstücke auch freiwillig ab und stellten Baumaterialien günstig zur Verfügung – de facto eine frühe Art von gezielter Wirtschaftsförderung.

Kapital, Tradition und Gestaltungswille

Wichtig für den Aufbau der Glarner Textilindustrie war die Verfügbarkeit von ausreichend reinvestiertem Kapital, die Tradition von eingespielten Handelsbeziehungen sowie der Wille, stets neue Absatzmärkte zu erschliessen. Dazu wurde das Warenangebot laufend auf die wechselnden Kundenwünsche ausgerichtet. Die Nachfolger der Firmengründer führten deren Arbeit nicht nur fort, sondern fügten den Unternehmungen neue Bereiche hinzu; oftmals wagten sie gar den Schritt über die Landesgrenzen hinaus. Auswanderer blieben ihrer Heimat und ihren Glarner Traditionen über Generationen hinweg treu und eng verbunden.

Die Heimatverbundenheit der Glarner Unternehmer prägte auch ihre Familienpolitik. Strategische Heiraten festigten die geschäftlichen Beziehungen zwischen einzelnen Teilhabern und stellten so die Kontinuität im Unternehmen sicher. Die Söhne vieler Firmengründer absolvierten eine kaufmännische Ausbildung in einem ausländischen Betrieb, wo sie auch Fremdsprachen erlernen konnten. Noch die zweite Generation der Fabrikanten legte grosses Gewicht auf praktische Erfahrungen ihrer Söhne, sei es im eigenen oder in ausländischen

Betrieben. Diese Praxis schien ihnen wichtiger als eine höhere Bildung. Ausserhalb der Firma legte man Wert auf eine militärische Karriere sowie auf ein politisches Engagement in der Gemeinde, im Kanton oder gar auf eidgenössischer Ebene. Die dort geknüpften Kontakte kamen allemal auch dem Geschäft zugute.

Das soziale Engagement war ein weiteres Charakteristikum der Glarner Textilfabrikanten. Selbst in den schwierigen Kriegsjahren hatten die Patrons für die Sorgen und Nöte der Belegschaft und deren Familien stets ein offenes Ohr. Ihre Verbundenheit mit der Bevölkerung bezeugten sie mit ihrem aktiven Mitwirken in Sänger- und Schützenvereinen. Doch nicht nur die Fabrikanten, auch ihre Frauen waren auf sozialem Gebiet tätig; ihre Mitarbeit in karitativen Vereinigungen gehörte in vielen Fällen gleichsam zum «guten Ton». Dass Frauen im Glarnerland auch schon früh als Unternehmerinnen tätig waren, zeigt das Beispiel von Afra Streiff-Jenny.

Der über Generationen hinweg gepflegte Pioniergeist lässt sich gut am Beispiel von drei Textilfamilien veranschaulichen, die im Folgenden porträtiert werden:

Drei Firmen, drei Profile

Die Firma Legler aus Diesbach, gegründet 1857, ist das jüngste der drei porträtierten Unternehmen. Ihren Fokus legte sie auf die Weiterentwicklung ihres Betriebes in Diesbach und ihre konsequente Expansion nach Norditalien. Dort etablierte sich das Unternehmen bereits um die Jahrhundertwende als einer der wichtigsten Textilbetriebe in der ganzen Region. Der hohen Qualität ihrer Produkte verpflichtet, stellte die Legler Industria Tessile über Jahre bedruckte Stoffe für die europäische Haute Couture her. Als erstes Unternehmen in Europa stellte die Firma Legler im Jahr 1970 auf die Herstellung von Jeansstoffen um.

Die Firma Barth. Jenny & Cie. aus Ennenda, die heute unter dem Namen Daniel Jenny & Co. firmiert, wird aktuell von Vertretern der siebten Generation geführt. Als grösste Arbeitgeberin im Glarnerland gehörte sie im 19. Jahrhundert zu den bedeutendsten Fabrik- und Handelshäusern des Kantons. Ihre Produkte exportierte sie nach Skandinavien, nach Übersee sowie in die Türkei. Als «Vertikalunternehmen» stellte der Betrieb seine Produkte vom Garn über die Tücher bis zur Veredlung selber her. Auch den Vertrieb ihrer Erzeugnisse übernahm die Firma in Eigenregie.

Die verwandte Firma Fritz + Caspar Jenny AG aus Ziegelbrücke, gegründet vor 180 Jahren, wird mittlerweile von der sechsten Generation weitergeführt. Das Unternehmen gab dem nördlichen Teil des Kantons mit seiner weiträumigen Spinnerei und Weberei im 19. Jahrhundert ein besonderes Gepräge. Das wohl grösste voll integrierte Unternehmen im Glarnerland besass Niederlassungen in

Liechtenstein sowie im Piemont. Als Komplex von nationaler Bedeutung bleiben die ehemaligen Fabrikanlagen, Fabrikantenvillen sowie Häuser für Arbeiter und Angestellte in Ziegelbrücke, einem Ortsteil von Niederurnen.

Grosse Herausforderungen

Wie die Geschichte der drei Unternehmen zeigt, stand die Glarner Textilindustrie ab dem letzten Viertel des 19. Jahrhunderts oftmals vor grossen Herausforderungen. Billigere ausländische Konkurrenz, steigende Arbeitskosten und zunehmender Protektionismus setzten der spezialisierten und exportorientierten Glarner Textilindustrie stark zu. Dementsprechend ging die Zahl der Beschäftigten seit 1870 laufend zurück. Trotz Versorgungsengpässen konnten die Spinnerei- und Webereibetriebe während des Ersten Weltkriegs für kurze Zeit von einer starken Nachfrage profitieren. Doch der Trend war unumkehrbar. Von den 80 Textilbetrieben, welche um 1880 bestanden, existieren heute gerade noch deren drei.

Doch hat der Niedergang der textilen Monokultur Raum für Neues geschaffen. Das Spektrum glarnerischer Produkte ist vielfältiger geworden: Spritzgiessmaschinen, Elektrogeräte, Kunststoffprodukte, Schokolade-Spezialitäten oder die Elektrizitätsproduktion prägen die Glarner Wirtschaft von heute. Wie die Beispiele im Schlussteil zeigen, bieten der den Glarnern eigene Pioniergeist sowie gute Rahmenbedingungen Gewähr, dass der Industriestandort Glarus inskünftig gut über die Runden kommt.

I
LEGLER & CO.
IN DIESBACH
UND
PONTE SAN PIETRO
(BERGAMO)

Haute Couture von
Elvira Leonardi Bouyeure
(1906–1999), genannt
Biki, mit Leglerstoffen
vor dem Dom
in Bergamo, 1969.

Wenn man im Glarnerland mit dem Zug in südlicher Richtung nach Linthal reist, fährt man kurz vor dem Bahnhof Diesbach-Betschwanden an der stillgelegten Fabrik der 1857 gegründeten Firma Legler vorbei. Die markanten Gebäude stehen westlich des Bahntrassees im flachen Talgrund in unmittelbarer Nähe zum Fluss Linth. Darunter befindet sich die im Gründungsjahr in Betrieb genommene mechanische Weberei. Schaut man auf der anderen Seite aus dem Zugfenster, erhascht man vielleicht einen Blick auf ein klassizistisches Haus mit Flachdach – das ehemalige Bürogebäude der Firma. In Diesbach, das seit 2011 zur Gemeinde Glarus Süd gehört, begann die Geschichte der Firma Legler. Einst erwarb sie weitere Fabrikareale im Glarnerland, gründete in Italien ein riesiges Textilunternehmen und unterhielt weltweite Geschäftskontakte. Am Anfang standen jedoch Heimarbeit, Handel und Handwebstühle.

Frühe Anfänge am Diesbach

Der Gründer der 1857 in Betrieb genommenen mechanischen Weberei in Diesbach, Mathias Legler (1819–1866), stammte aus einer Familie von Heimarbeitern, Handelsleuten und Handwebereiunternehmern. Die reformierten Legler tauchten erstmals gegen Ende des 16. Jahrhunderts in Schriftstücken auf und wirkten oft als Ratsherren, Seckelmeister (kantonale Finanzverwalter), Landvögte oder Söldner. Die meisten Familien waren jedoch in der Landwirtschaft tätig, zusätzlich hielten sie sich mit Heimarbeit über Wasser. Mit der Textilherstellung hatten die Legler wie andere Glarner Geschlechter schon früh zu tun: Die Frauen woben für den Hausgebrauch Tücher aus Wolle und Leinen, sogenannte «Mäzzen». In diesem halbwollenen (mezza lana) Gewebe bestanden die Zettel- oder Kettfäden, die im Webstuhl in Längsrichtung parallel zur Webkante aufgespannt waren, aus gräulichem Leinen, die Schussfäden hingegen aus weisser, schwarzer oder brauner Wolle. Als die Mäzzenweberei im südlichen Glarnerland in der zweiten Hälfte des 17. Jahrhunderts einen Aufschwung erfuhr und vermehrt farbige Tücher produziert wurden, stieg ein Vertreter der Familie ins Textilgewerbe ein. Joachim Legler (1630–1710), der allerdings nicht mit dem späteren Gründer der mechanischen Weberei verwandt war, betrieb in Diesbach am gleichnamigen Bach ab 1676 eine «Farb und Mange». Dort färbte und glättete er die Mäzzentücher der Diesbacher Bevölkerung. Letzteres geschah in der Mange, wo ein mit Steinen gefüllter Kasten über das auf eine Walze gerollte Tuch geführt wurde. Sieben Jahre später wurde Leglers Einrichtung durch ein Hochwasser beschädigt, wie aus einem Gerichtsurteil vom 9. August 1683 hervorgeht. Die Mäzzen wurden nun nicht mehr nur für den Hausgebrauch produziert, sondern auch von Glarner Händlern ins Ausland verkauft. Als sich jedoch um 1700 mehrere europäische Grossmächte während des Spanischen Erbfolgekrieges bekämpften,

Die ehemalige Fabrik Legler & Co. in Diesbach, links des Bahntrassees das Bürogebäude, 2013.

brach dieser Handel zusammen. Davon betroffen war auch der Export von Schiefertischen. Schiefer wurde seit dem 16. Jahrhundert im Sernftal abgebaut, einem Seitental des glarnerischen Linthtals mit den Dörfern Engi, Matt und Elm. Zu Tischen verarbeitet wurden die Schieferplatten in Ennenda im Glarner Mittelland; auch den Vertrieb organisierten die Ennendaner. Durch den Einbruch des Handels verlor ein grosser Teil der Bevölkerung seine Arbeit. Daraufhin verliessen zahlreiche Familien das Land, um sich in Ostpreussen eine neue Heimat aufzubauen.

Handspinnerei zur Existenzsicherung

Mathias Leglers direkte Vorfahren betätigten sich, wie eingangs erwähnt, unter anderem als Heimarbeiter. Sein Urgrossvater David Legler (1738–1801) war Schulmeister, also Lehrer, und Kirchenvogt in Diesbach. Da die meisten Lehrer im 18. Jahrhundert kaum eine Ausbildung hatten und nur wenig verdienten, sicherte sich David seine Existenz durch Landwirtschaft und Heimarbeit. Zuhause verspann er von Hand Baumwolle zu Garn. 1758 heiratete er Maria Magdalena Zweifel (1732–1789) aus Glarus; zusammen hatten sie acht Kinder, von denen drei früh verstarben. In zweiter Ehe war David Legler mit Christina Feldmann (1745–1810) aus Glarus verheiratet.

Die Handspinnerei hatte sich seit Beginn des 18. Jahrhunderts im Glarnerland ausgebreitet. Der Zürcher Andreas Heidegger (1688–1746), der in Glarus als Pfarrhelfer tätig war, hatte um 1714 einige Handspinnerinnen aus dem Zürchbiet nach Glarus kommen lassen. Diese sollten der verarmten und erwerbslosen Bevölkerung zeigen, wie man Baumwolle zu Garn verspann. Anfänglich organisierten Zürcher Kaufleute, sogenannte Verleger, die Heimspinnerei. In ihrem Auftrag brachten Mittelsmänner (Fergger) den Glarner Familien Baumwolle. Das fertige Garn holten sie wieder ab und lieferten es zurück an die Kaufleute. Zur Weiterverarbeitung (Weben, Bleichen, Färben, Drucken) wurde das Garn ins Zürchbiet und in die Ostschweiz gebracht. Mit der Zeit gelang es einigen Glarner Ferggern, die Zürcher Verleger zu verdrängen, indem sie selbst Baumwolle importierten und das fertige Garn an Fabriken in der Ostschweiz (Zürich, St. Gallen, Herisau) verkauften. Um 1750 waren Glarner Kaufleute selbst für die Rohmaterialien und den Absatz besorgt. Die Rohbaumwolle bezogen sie zuerst aus Zürich, Chur oder Kempten im Allgäu, danach aus den Hafenstädten Venedig, Genua und Marseille. Bis Ende des 18. Jahrhunderts blieb die Handspinnerei die wichtigste Erwerbsquelle neben der Landwirtschaft.

Vom Schulmeister zum Handelsmann

Joachim Legler (1765–1840), der älteste Sohn von David Legler und Grossvater von Mathias Legler, etablierte sich gegen Ende des 18. Jahrhunderts als Handelsmann. Zuvor war er wie sein Vater als Bauer und Schulmeister in Diesbach tätig gewesen und hatte zudem das Amt des Kirchmeiers oder Kirchenvogts versehen. 1788 heiratete er Elsbeth Streiff (1764–1841) aus Diesbach; von den zehn gemeinsamen Kindern überlebte nur die Hälfte. In seiner Firmengeschichte vermutet Frank Thiessing, dass verwandtschaftliche Beziehungen Joachim Legler auf die Idee brachten, sich dem Handel zuzuwenden. So hatte seine Tante Anna Maria Legler (1741–1789) 1761 den Baumwollhändler Johann Caspar Tschudi (1734–1793) von Schwanden geheiratet.

Im Glarnerland existierte um 1800 ein Handelsunternehmen mit dem Namen Joachim Legler & Comp., später Joachim Legler & Sohn. Das Unternehmen handelte hauptsächlich mit tierischen Produkten wie Leder, Fellen, Haar, Käse, Ziger, Seife (bestand früher vorwiegend aus tierischen Fetten) und Kerzen sowie mit Vieh. Im Landesarchiv Glarus sind Geschäftsbücher, Jahresrechnungen, Korrespondenzen, Fellrodel aus den Jahren von 1791 bis 1835 sowie ein Käserodel von 1833 bis 1835 überliefert. Dass es sich beim genannten Handelsunternehmen um das Geschäft von Joachim Legler-Streiff aus Diesbach handelte, ist eher unwahrscheinlich. Denn die betreffenden Akten figurieren unter dem Namen Joachim Legler-Stüssi (1722–1790), einem Onkel zweiten Grades von Joachim

a| Mathias Legler-Kundert (1819–1866)
b| Matteo Legler-Legler (1844–1932)
c| Fridolin Legler-Hefti (1852–1902)
d| Friedrich Legler-Hefti (1852–1940)

Legler-Streiff. Er war Kirchenvogt, stand von 1764 bis 1770 den Finanzen von Evangelisch-Glarus vor und fungierte bis zu seinem Tod als Neunerrichter. 1770 wurde er zum Wiler- oder Vierortehauptmann gewählt, der für zwei Jahre die vier Schirmorte der Abtei St. Gallen – Zürich, Schwyz, Glarus und Luzern – vertrat und in dieser Zeit in Wil Wohnsitz nahm. 1784 erfolgte die Wahl zum Landvogt im Freiamt. Seine fünf Söhne waren Teilhaber des Handelsgeschäfts. Ein Neffe von Joachim Legler-Stüssi war übrigens Thomas Legler (1782–1835) von Diesbach, der 1812 als Grenadieroberleutnant auf Napoleons Russlandfeldzug das spätere Beresinalied sang. Die napoleonischen Feldzüge hatten auch Auswirkungen auf das Handelsunternehmen Joachim Legler & Comp., das erstmals Verluste schrieb. 1816 wurde das Geschäft auf die verschiedenen Teilhaber aufgeteilt.

Pionierhaftes Handweberei-Unternehmen

Etwa in dieser Zeit zog Handelsmann Joachim Legler-Streiff nach Thun, wo er ein Tuchhandelsgeschäft eröffnete. Sein jüngster Sohn Joachim (1807–1856) folgte ihm nach und arbeitete im Betrieb mit. 1835 heiratete dieser Margreth Dürst (1815–1892) aus Betschwanden; die meisten ihrer elf Kinder kamen in Thun zur Welt (wobei sechs schon früh verstarben). Einige Jahre später spielte Joachim junior eine wichtige Rolle bei der Gründung der mechanischen Weberei in Diesbach. Zudem sollten seine Söhne in Italien ein Textilunternehmen mitgründen. Während Joachim Legler-Streiff zusammen mit seinem gleichnamigen Sohn in Thun einen Tuchladen betrieb, blieb der älteste Sohn im Glarnerland. David Legler (1790–1865), der Vater von Textilpionier Mathias Legler, bewirtschaftete in Diesbach-Dornhaus den elterlichen Hof. Nebenbei wirkte er als Obmann einer Schützengesellschaft und als Vorsänger in der Kirche. In erster Ehe war er seit 1816 mit Verena Streiff (1794–1846) von Diesbach verheiratet; zusammen hatten sie acht Kinder, von denen nur die Hälfte älter als 18 Jahre wurde.

Zum pionierhaften Handweberei-Unternehmer wurde David Legler, als die Baumwolldruckerei Jenny & Cie. aus Ennenda 1834 bei ihm Tücher in Auftrag gab. So richtete er im Keller seines Hauses einige Webstühle ein und organisierte im Dorf die Heimweberei. Die hierzu benötigten Kenntnisse stammten wohl nicht zuletzt von seiner Frau, die eine erfahrene Weberin war. Das Garn für die Herstellung der sogenannten Drucktücher wurde von der Druckerei in Ennenda nach Diesbach geliefert. Vor dem Verweben musste das Garn vorbereitet werden. Wegen dieser aufwendigen Zusatzarbeiten kamen die Handweber damals nur auf sehr geringe Tageseinnahmen. Die Handweberei war im Glarnerland seit etwa 1740 vorwiegend als Heimarbeit betrieben worden. Als man in den 1830er-Jahren – wie Verena und David Legler – zur fabrikmässigen Handweberei überging, entstanden bereits die ersten mechanischen Webereien und Spinnereien.

Rund ein Jahrzehnt nach der Eröffnung seines Webkellers baute David Legler zusammen mit seinem Sohn Mathias, dem künftigen Textilpionier, die Produktion aus. 1845 liessen sie in Dornhaus «in der Zigerriibi» ein Gebäude mit 50 hölzernen Handwebstühlen errichten, auf denen sie nebst den gewöhnlichen Drucktüchern auch grobe Baumwolltücher wie Barchent, ein Mischgewebe aus Baumwolle und Leinen, herstellten. Zu diesem Zeitpunkt war Mathias 26 Jahre alt, verheiratet und bereits Vater von drei Kindern. Am 31. Mai 1819 wurde er als zweitältester Sohn in Diesbach geboren; sein älterer Bruder war mit fünf Jahren gestorben. Von klein auf hatte Mathias im elterlichen Betrieb mitgearbeitet. 1842 hatte er Magdalena Kundert (1823–1897) aus dem glarnerischen Rüti geheiratet, die wie seine Mutter als Weberin arbeitete. Sie hatten insgesamt 13 Kinder, von denen drei noch im Kindesalter verstarben. Ein Jahr nach der Eröffnung der Handweberei starb 1846 die Mutter von Mathias Legler, Verena Legler-Streiff. Daraufhin heiratete David Legler in zweiter Ehe Barbara Stauffacher (1804–1881) aus dem glarnerischen Matt. Nachdem Sohn Mathias 1847 während des Sonderbundkriegs mehrere Monate als Wachtmeister in einer Glarner Schützenkompagnie gedient hatte, übernahm er schrittweise die Leitung der Weberei, während seine drei jüngeren Brüder ins grossväterliche Geschäft in Thun eintraten.

Firmengründung dank reichem Onkel

Bald fasste Mathias Legler den Plan, in Diesbach eine mechanische Weberei zu erstellen. Die mechanische Produktion von Geweben hatte im Glarnerland innerhalb eines Jahrzehnts rasant zugenommen, so dass zu Beginn der 1850er-Jahre bereits neun mechanische Webereien existierten. Als in der Folge zahlreiche Heimweber arbeitslos wurden und darüber hinaus die Kartoffelfäulnis wütete, entschlossen sich viele Familien zur Auswanderung. In diesem Zusammenhang wurde beispielsweise 1845 im US-Bundesstaat Wisconsin die Stadt New Glarus gegründet. Im Glarnerland entstanden in den neuen Fabriken zwar wieder Arbeitsplätze, doch reichten diese nicht für alle ehemaligen Handweberinnen und Handweber.

Inzwischen machte sich Mathias Legler auf die Suche nach Kapital. Aus diesem Grund nahm er seinen wohlhabenden Onkel, den in Thun wohnhaften Handelsmann Joachim Legler-Dürst, in das Unternehmen auf. Dieser kehrte daraufhin ins Glarnerland zurück. Da die Finanzierung nun gesichert war, erwarb Mathias Legler 1855 vom Tagwen Diesbach – der Gemeinde der ansässigen Ortsbürger – ein grosses Grundstück auf der Oberen Allmeind samt den Wasserrechten an der Linth. Der Landkauf war jedoch mit Auflagen versehen: Der Tagwen hatte nur unter der Bedingung zugestimmt, dass die geplante Fabrik mindestens 150 Personen anstellen und dabei zunächst die Arbeiter aus dem eigenen Dorfe

Briefkopf der Firma Legler & Cie., Diesbach, datiert 1907. Vorne links das Bürogebäude von 1905, in der Mitte die Weberei von 1870, rechts das Fabrikgebäude von 1857.

berücksichtigen würde. 1857 nahm die Weberei unter dem Namen J. & M. Legler – Joachim und Mathias Legler – ihren Betrieb auf. Auf zweihundert mechanischen Webstühlen wurden Barchent und andere grobe Tücher produziert. Rund zehn Jahre nach der Firmengründung (1868) arbeiteten 156 Personen in der Weberei, womit mindestens eine Auflage des Tagwens erfüllt war.

Wie weiter nach Joachims Tod?

Noch vor der Inbetriebnahme der Weberei starb Onkel Joachim am 29. März 1856 an den Folgen eines Sturzes. Seine Witwe zog mit den Kindern nach Diesbach und liess ein grosses Haus bauen, das den Namen «Feldhaus» erhielt. Zusammen mit ihren Kindern war sie beteiligt an der Firma J. & M. Legler. Die Verantwortung lag jedoch allein bei Mathias Legler, der sich neben seiner unternehmerischen Tätigkeit als Schulpräsident, Steuervogt und Ratsherr engagierte. Da seine eigenen Söhne zu diesem Zeitpunkt für eine Mitarbeit im Unternehmen noch zu jung waren, suchte er einen Teilhaber in der Verwandtschaft. Er entschied sich für Fridolin Hefti-Legler (1837–1880) aus dem Nachbardorf Hätzingen, der mit Onkel Joachims ältester Tochter verheiratet war.

Als die Söhne von Mathias volljährig wurden, traten auch sie in die Firma ein. Mathias junior (1844–1932) heiratete eine Tochter Joachims, und Fridolin (1852–1902) heiratete eine Tochter von Teilhaber Fridolin Hefti-Legler, Joachims Schwiegersohn. Drei von Joachims Söhnen wurden nun ebenfalls Teilhaber. Es waren dies Ratsherr, Landrat und Schulvogt Josua Legler-Schlittler

(1838–1878) sowie Schulpräsident Johann Jakob (Jacques) Legler-Studer (1847–1887), die jedoch beide im Alter von vierzig Jahren starben. Joachims dritter und jüngster Sohn hiess Friedrich Legler-Hefti (1852–1940). Er war wie seine Brüder in Thun zur Welt gekommen und hatte zur Ausbildung einige Zeit im Welschland verbracht. Obwohl Friedrich eigentlich ein Onkel zweiten Grades von Mathias und Fridolin war, wurde er von ihnen Vetter genannt, da er den gleichen Jahrgang (1852) hatte wie Fridolin. Zudem trug er dieselben Nachnamen wie Letzterer. Um also die beiden Fritz Legler-Heftis zu unterscheiden, nannte man sie nach ihrer Haarfarbe den blonden und den schwarzen Fritz.

Aufschwung und Trauer in Diesbach

Die jungen Teilhaber von J. & M. Legler waren voller Tatendrang. So beschlossen sie 1864, eine Spinnerei aufzubauen, um damit die Weberei mit eigenem Garn beliefern zu können. Im bereits bestehenden Webereigebäude brachten sie Spinnmaschinen mit rund 4000 Spindeln unter. Zum Vergleich: Im Kanton Glarus waren zu diesem Zeitpunkt gesamthaft rund 2800 Webstühle und knapp 218 000 Spindeln installiert. Während die 15 grössten Glarner Unternehmen mindestens 250 Personen beschäftigten, arbeiteten in Diesbach 134 Angestellte. Davon war die Mehrheit – drei Viertel – Frauen; 21 Personen waren unter 16 Jahren. Vier Jahre später war die Zahl der Angestellten – wie erwähnt – auf 156 gestiegen. 1870 wurde für die Weberei ein Neubau erstellt. Die Diesbacher Unternehmer investierten nicht nur in neue Fabrikgebäude, sondern auch in Privatbauten. Ab 1866 liessen sie abseits der Fabrikanlage, «im Feld», eine klassizistische Villa mit Park erbauen. Ihre Fertigstellung sollte Firmengründer Mathias Legler allerdings nicht mehr erleben, denn er verstarb am 24. April 1866 nach längerer Krankheit im Alter von 46 Jahren. Er wurde auf dem Friedhof im Nachbardorf Betschwanden beerdigt. Erst im Jahr zuvor war sein Vater gestorben. Seine Frau Magdalena überlebte ihn um 31 Jahre.

In der liberalen «Neuen Glarner Zeitung» vom 28. April 1866 wurde Mathias Legler gewürdigt als «ein Mann voll edlen Strebens und rastloser Thätigkeit. Von einem mittellosen Weberfergger hatte er sich durch seine beharrliche Ausdauer und unermüdliche Thätigkeit zum Gründer eines bedeutenden Etablissements (Baumwollweberei) gebracht, das der Bevölkerung des Heimathbezirkes mannichfachen Verdienst gebracht hat. […] Daneben hatte Legler zu allen Zeiten Liebe zu seiner Gemeinde und zum Vaterlande und inmitten seiner vielfachen andern Geschäfte hat er Jahre lang dem heimischen Gemeinwesen mit Aufopferung und manchem schönen Erfolge seinen Dienst dargebracht.» Auch in der «Glarner Zeitung» vom 24. April 1866 wurden seine «liberalen Bestrebungen» in kommunalen und kantonalen Angelegenheiten sowie sein «unermüdeter Eifer für geschäft-

STAMMBAUM DER FAMILIE LEGLER VON DIESBACH

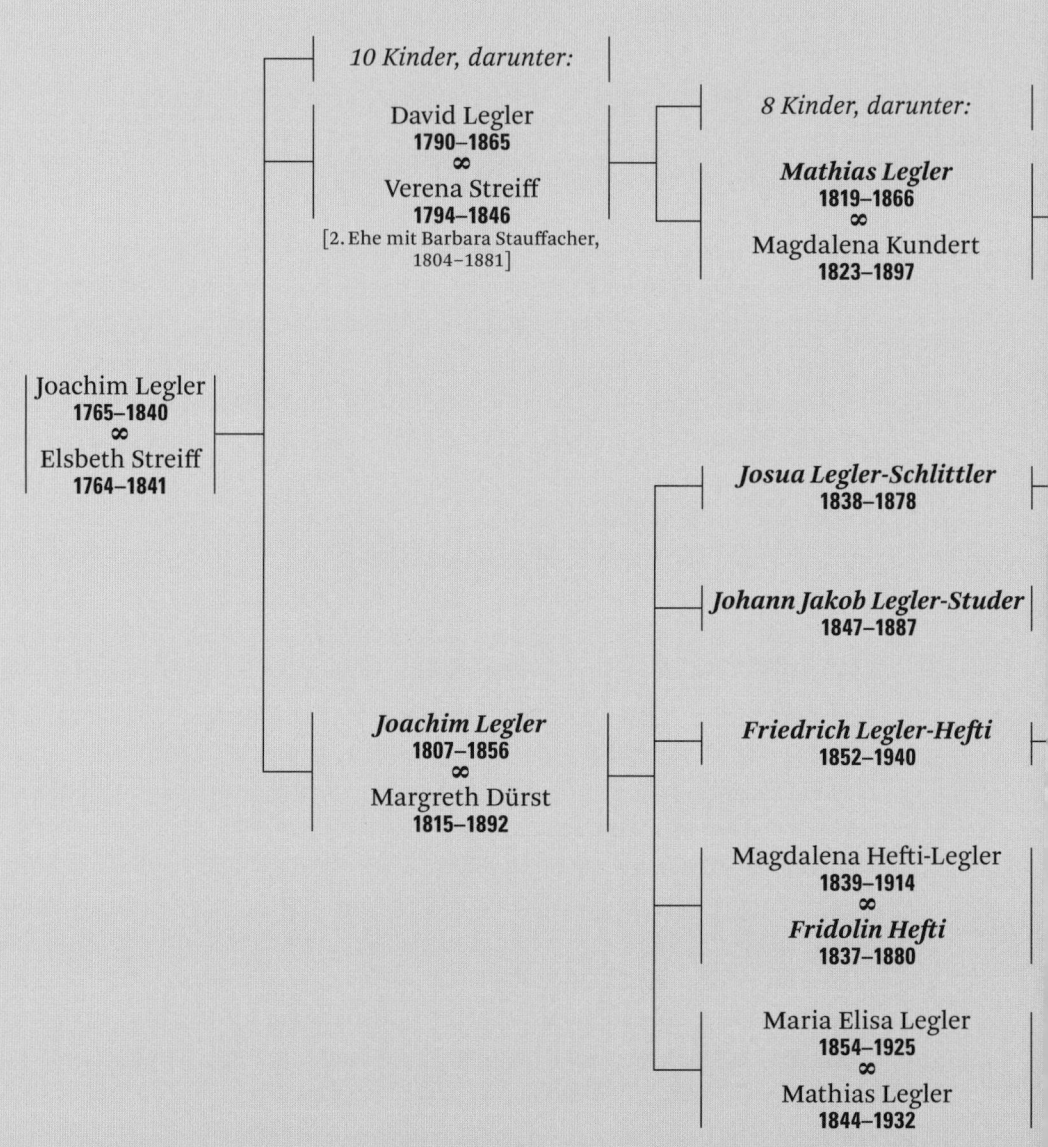

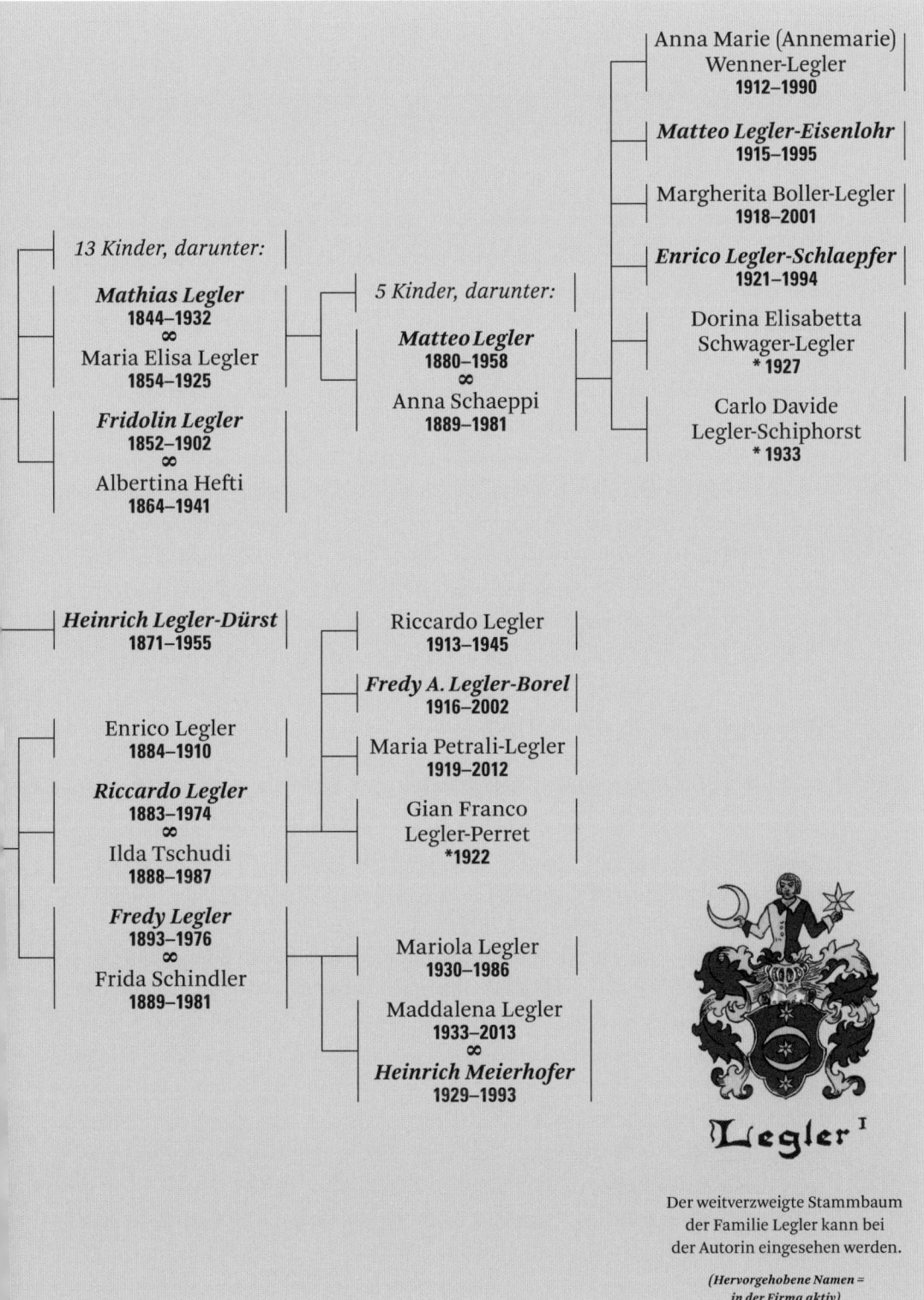

Der weitverzweigte Stammbaum der Familie Legler kann bei der Autorin eingesehen werden.

(Hervorgehobene Namen = in der Firma aktiv)

liche Fortschritte» gelobt. Mathias Legler hinterliess zehn Kinder, sechs Töchter – die jüngste erst vierjährig – und vier Söhne. Von den vier Söhnen wanderten später zwei nach Denver in den USA aus, während die anderen zwei – Mathias und Fridolin – wie erwähnt in die Firma einstiegen, um das Erbe ihres Vaters fortzuführen. Der älteste Sohn Mathias, der 1920 seine Lebenserinnerungen veröffentlichte, war am 14. Januar 1844 in Diesbach zur Welt gekommen. Er trug den gleichen Rufnamen wie sein Vater, Mathis, und wurde später wegen seines Engagements in Italien Matteo genannt. Der Name überdauerte weitere Generationen, denn auch sein Sohn und sein Enkel wurden Mathias beziehungsweise Matteo getauft.

Schon als Kind zog es Mathias in seiner Freizeit in die Berge und auf die Jagd. Damals hatte er noch wenig Interesse an der väterlichen Fabrik. Ab 1857 besuchte er drei Jahre lang die Sekundarschule in Schwanden; den weiten Schulweg mussten sein Bruder David und er zu Fuss gehen. Mathias begeisterte sich vor allem für Rechnen und Geometrie. In dieser Zeit bestieg er zum ersten Mal den rund 2700 Meter hohen Kärpfstock, der sich im ältesten Wildbanngebiet der Schweiz befindet. Später liess er in dieser Gegend die bekannte Leglerhütte errichten. Seine Eltern waren von seinem Hobby nicht begeistert, da der Bergsport als nutzlos und gefährlich galt. Schon damals kündigte sich an, dass sein Vater und er nicht in allen Belangen die gleichen Ansichten haben würden.

Wie der Vater, so der Sohn?

Am Ende der Schulzeit stellte sich die Frage, wie es mit Mathias Legler weitergehen sollte. Für seine Wünsche schien der Vater kein Verständnis zu haben, notierte Mathias in seinen Erinnerungen: «Wenn ich später an diese Zeit zurückdachte, blieb es mir nicht erspart, in meinem Herzen Vorwürfe gegen meinen Vater aufkommen zu lassen. Ich hoffte, dass man mich noch auf eine Schule ausser dem Kanton bringen würde, aber mein Vater sagte, dass es nicht gut sei, die Knaben so lange auf den Schulbänken zu lassen; er selbst sei auch nur fünf Jahre in die Dorfschule gegangen, und ich hätte nun noch drei Jahre Sekundarschule genossen.» Der Vater wollte, dass Mathias in der Welschschweiz eine kaufmännische Lehre absolvierte und Französisch lernte. Mathias hingegen hätte eine «weitere technische Bildung» bevorzugt, «denn ich hatte die feste Überzeugung, dass ich eine solche sehr nötig hätte, um nur einigermassen geeignet zu sein, in ein industrielles Geschäft einzutreten».

Während sich der Sohn also eher für die technische Seite des Betriebs interessierte, legte der Vater als Firmengründer mehr Wert auf kaufmännisches Wissen, Sprachkenntnisse und praktische Berufserfahrung. So kam Mathias für zwei Jahre zum Unternehmen Hartmann & Cie., das in Freiburg eine Strohhutfabrik und ein Modewarengeschäft betrieb. Als Mathias junior 1862 18-jährig in die Heimat zurückkehrte, fand er seinen Vater «gealtert und verändert» vor. Dieser war immer noch der Ansicht, dass Mathias nun im Büro arbeiten sollte. Doch Mathias überzeugte ihn davon, dass er zuvor eine Handelsschule in Altstätten besuchen müsste, um seine theoretische Ausbildung abzurunden. Allerdings brach er diese nach kaum einem Monat ab, da sie mehr einer Sekundar- als einer Handelsschule entsprach. Eine gewisse Zeit lang liebäugelte er mit der Idee, nach Kanada auszuwandern: «Dieser Gedanke wurde bei mir auch durch das Gefühl unterhalten, dass ich weder als Kaufmann noch als Techniker eine Bildung genossen hatte, um ein tüchtiger Industrieller zu werden.»

Arbeit und Freizeit

Schliesslich nahm Mathias Legler 1863 seine Arbeit im Büro des väterlichen Unternehmens auf. In dieser Zeit bestellte das Unternehmen bei der nordenglischen Firma Platt Brothers 4000 Spindeln, um selbst Garne herzustellen. Neben der Büroarbeit eignete sich Mathias weiteres Wissen im Bereich des Technischen an. So begab er sich jeden Morgen zuerst in die Weberei, um weben zu lernen, und nahm zusätzlich Nachhilfestunden in Mathematik und Geometrie. Er verkehrte mit Julius Becker (1836–1900), dem technischen Leiter einer Spinnerei und Weberei in Linthal, und suchte den Kontakt zu Spinnereidirektoren, etwa zu Jakob Biland, der es vom armen Spinnerknaben zum Fabrikdirektor in Mollis gebracht hatte und laut Mathias Legler «eine Kapazität im Spinnfache» war.

Durch die Arbeit im Büro und den Austausch mit erfahrenen Unternehmern wurde Mathias Leglers Selbstvertrauen so weit gestärkt, dass er als Geschäftsreisender für J.&M.Legler vorgesehen wurde. Im Februar 1864 reiste er erstmals ins Tessin, wo er zuerst an einer Privatschule in Bellinzona Italienisch lernte und danach als Lehrling in einem Manufakturwarengeschäft in Lugano arbeitete. Nach einem Jahr kehrte er im Frühling 1865 nach Diesbach zurück, wo sich der Gesundheitszustand seines Vaters verschlechtert hatte. Kurz darauf brach Mathias zu seiner ersten Geschäftsreise auf. Danach folgte die Rekrutenschule bei den Schützen, damals ein Elitekorps. In den zehn Jahren, in denen Mathias Legler dienstpflichtig war, sollte er es bis zum Hauptmann einer Scharfschützen-Kompagnie bringen. Noch während der Offiziersschule in Luzern erhielt er im Frühjahr 1866 die Nachricht, dass sein Vater im Sterben lag. Er reiste sofort ab, doch als er im Glarnerland ankam, war sein Vater bereits gestorben.

Mathias Legler ging weiter seiner Arbeit nach; seine Freizeit widmete er dem Schiessen, der Jagd und dem Bergsport. Hie und da begab er sich zur Jagd sogar ins Jagdbanngebiet am Kärpf, «denn ich sagte mir, dass es undemokratisch sei, dem Bürger die Jagd zu verbieten und die Gemsen durch Staatsangestellte schiessen zu lassen». Im Todesjahr seines Vaters bestieg er zum ersten Mal den im Süden des Glarnerlandes gelegenen Tödi. Gegen Ende der 1860er-Jahre wurde er Gemeinderat, und 1872 erfolgte der Vorschlag zum Ratsherrn. Doch Mathias Legler nahm die Wahl nicht an, einerseits aus zeitlichen Gründen und andererseits, weil seine heimlichen Streifereien im Kärpfgebiet mit dem Amt nicht vereinbar gewesen wären.

Neuer Wirkungskreis in Italien

Zu Beginn der 1870er-Jahre befassten sich die mittlerweile sechs Teilhaber von J. & M. Legler, zu denen auch Mathias Legler gehörte, mit der Idee, nach Italien zu expandieren. Dem Plan lagen unternehmerische und wirtschaftspolitische Überlegungen zugrunde: Einerseits boten die Weberei und Spinnerei in Diesbach nicht genügend Aufgaben und Betätigungsmöglichkeiten für alle männlichen Angehörigen der Familien Legler. Andererseits war in der Schweiz die Baumwollindustrie durch die protektionistische Politik der Nachbarländer unter Druck geraten, da diese den Export von Garnen und Textilien erschwerte. So erliess das erst kürzlich vereinigte Königreich Italien Schutzzölle, um ausländische Fabrikanten dazu zu bringen, Arbeitsplätze vor Ort zu schaffen. Das Vorhaben der Legler-Teilhaber wurde konkret, als sich der befreundete Textilfabrikant Johann Jakob Becker-Hefti (1837–1897) bereit erklärte, sich mit einer grossen Summe zu beteiligen. Ausser Mathias Legler waren sein acht Jahre jüngerer Bruder Fridolin mit dabei, der sich in Diesbach vor allem mit kaufmännischen Angelegenheiten beschäftigt hatte, sowie Joachims Sohn Fritz Legler-Hefti (Vetter Fritz) und Joachims Schwiegersohn Fridolin Hefti-Legler.

Im Sommer 1875 veröffentlichten die Teilhaber in der oberitalienischen Presse einige Inserate, worauf von verschiedenen Gemeinden Offerten von Wasserkraft-Konzessionen eingingen. Mathias Legler, der ja Italienisch gelernt hatte, reiste schon im September nach Italien, um sich die Orte anzusehen. Seine Wahl fiel schliesslich auf das Dörfchen Ponte San Pietro am Fluss Brembo, westlich von Bergamo gelegen und mit der Eisenbahn gut erschlossen. Am gleichen Fluss befindet sich die San Pellegrino-Therme, wo das bekannte Mineralwasser abgefüllt wird. Die Wasserkraft-Konzession in Ponte San Pietro gehörte damals dem italienischen Textilunternehmer Baron Eugenio Cantoni (1824–1888), der sie jedoch hatte verfallen lassen. Mit Hilfe des Gemeindepräsidenten von Ponte San Pietro gelang es Mathias, Cantoni dazu zu bewegen, gegen eine mässige Entschädigung ganz auf die Konzession zu verzichten. Offenbar freute sich der Baron sogar darüber, dass die Wasserkraft an eine schweizerische Firma überging, da er einen Teil seiner Ausbildung in der Schweiz absolviert hatte. Laut der «Storia dell'industria bergamasca» hingegen hatte Cantoni weit zurück Schweizer Vorfahren und war vor allem an der finanziellen Seite des Geschäfts interessiert. Nachdem Mathias Legler die Wasserkraft-Konzession relativ günstig hatte erwerben können, musste er den entsprechenden Boden kaufen. Da der Besitzer, ebenfalls ein Baron, einen hohen Preis dafür verlangte, liess Legler Teilhaber Hefti zusammen mit dem Kapitalgeber Becker nach Italien kommen. Dieser war zuerst gegen den Kauf, liess sich aber von Legler und Hefti davon überzeugen, die Investition zu wagen. Mathias Legler freute sich über seinen neuen Wirkungskreis, «in welchem meiner Arbeitslust ein grosses Feld geebnet war».

Ein gutes Omen

Schon im November 1875 reisten Mathias Legler und sein Vetter Fritz aus Diesbach ab, um sich in Ponte San Pietro niederzulassen. Als Mathias aus dem elterlichen Haus trat, waren die Wände im Hausgang «voll Glücksspinnen», was seine Mutter als gutes Omen für das Vorhaben betrachtete. Da Diesbach erst vier Jahre später mit der Eisenbahn erschlossen wurde, mussten die Auswanderer mit der Kutsche reisen. In Ponte San Pietro liessen die Leglers über den Winter ein Wehr in den Fluss Brembo einsetzen, um das Wasser in einem Kanal auf die Turbinen zu leiten. Im März 1876 legten sie die ersten Grundsteine für die Fabrikgebäude, in denen ab Oktober die Maschinen aus der Schweiz (Rieter und Honegger) montiert wurden. Die Spinnerei (7000 Spindeln) und die Weberei (200 Webstühle) nahmen unter dem Namen Legler, Hefti & Cie. im Frühling 1877 ihren Betrieb auf. Der Anfang war schwierig, denn man fand vor Ort zu wenige Arbeiterinnen für die Weberei.

Mit den produzierten Rohtüchern besuchten die Leglers selbst die Kundschaft, inzwischen war auch der Bruder von Mathias, Fritz, dazu gestossen. Dabei merkten sie, dass gefärbte und gebleichte Waren gefragter waren als die unbehandelten Tücher. In der Folge richteten sie eine kleine Färberei ein, 1883 kam eine Bleicherei dazu. Mit dieser «vertikalen» Organisation konnte das Unternehmen rascher und unabhängiger auf Veränderungen am Markt reagieren. Schon 1879 hatte man die Anzahl der Spinn- und Webmaschinen verdoppelt. Das Unternehmen übertraf das Stammhaus in Diesbach bald an Grösse und Bedeutung. So beschäftigte man 1890 bereits rund 700 Personen. Für ihre Produkte erhielt die Firma Legler Auszeichnungen an italienischen Landesausstellungen. Ein vorübergehender Rückschlag erfolgte, als die Spinnerei 1890 bis auf den Grund niederbrannte und neu aufgebaut werden musste. Die Teilhaber nutzten die Gelegenheit, um die bisherigen Selfaktor-Spinnmaschinen durch Ring-Spinnmaschinen zu ersetzen. Die beiden Maschinenarten waren um 1830 erfunden worden: Beim Selfaktor erfolgten mehrere Arbeitsprozesse hintereinander. Im Ringsystem hingegen wurden kontinuierlich Fasern versponnen und gleichzei-

a

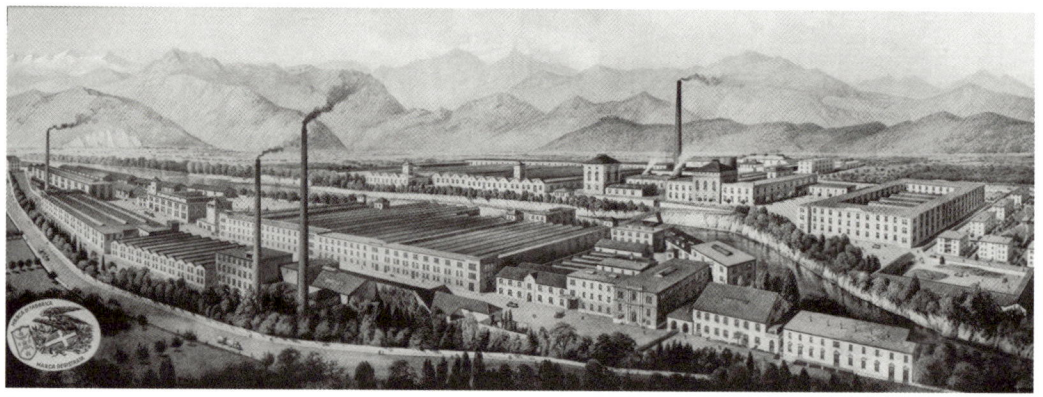

b

c

d

a| Im Winter 1875/76 begannen am Fluss Brembo
die Arbeiten am ersten Fabrikgebäude, im Hintergrund die
Eisenbahnbrücke zwischen Ponte San Pietro und Bergamo.
b| Das enorme Ausmass der Firma Cotonificio Legler
in Ponte San Pietro in einer idealisierten Darstellung, erstes
Drittel des 20. Jahrhunderts.
c| Warenzeichen der Firma Cotonificio Legler, 1930er-Jahre.
d| Die 1892 von den Familien Legler gegründete Schule in
Ponte San Pietro. Die Architektur erinnert an öffentliche
Glarner Gebäude, Foto von 1920.

tig wurde das Garn aufgewickelt. Darüber hinaus errichtete die Familie Legler am gegenüberliegenden Ufer eine neue Weberei.

Die Teilhaber wandelten das Unternehmen 1891 in eine Aktiengesellschaft um, die später unter dem Namen Cotonificio Legler S. A. (Baumwollspinnerei Legler Società Anonima) firmierte. Zu Beginn des 20. Jahrhunderts begann man, feinere Artikel aus Kammgarn sowie Samt beziehungsweise Velours herzustellen. Über die Textilien der Firma Legler schwärmte das 1931 publizierte Buch «Schweizer im Ausland»: «Von der anfänglich fabrizierten, kuranten [im Umlauf befindlichen] Ware sind die Legler zu allen Spezialitäten der Branche übergegangen und liefern heute, ausser Gebrauchsgeweben jeder Art, den schönsten mercerisierten Damast, die feinsten Satins und den wunderbarsten Baumwollsammet in erlesenen Farben; alles in führender Qualität und in tonangebenden Schöpfungen.» Nicht nur die Qualität der Produkte war beeindruckend, sondern auch die Grösse der Fabrik. So waren mittlerweile auf einem Areal von 100 000 Quadratmetern – was ungefähr 14 Fussballfeldern entspricht – 38 000 Spindeln und 1600 Webstühle in Betrieb, die täglich 40 000 Meter Gewebe erzeugten.

Bergamo und die Glarner Unternehmer

Die lombardische Provinz Bergamo zog in der zweiten Hälfte des 19. Jahrhunderts zahlreiche Schweizer und insbesondere Glarner Textilunternehmer an. Die ersten Glarner, die dort Fabriken gründeten, waren die Brüder Samuel (1828–1888) und Joachim Zopfi (1821–1889) aus Schwanden. Ersterer errichtete 1867 eine Getreidemühle, sein Bruder zwei Jahre später in Ranica bei Bergamo eine Baumwollspinnerei. In der Heimat erzählte man sich am Stammtisch des Wirtshauses «Adler» in Schwanden von den grossen Erfolgen des «Müller-Zopfi» und des «Spinner-Zopfi» in Bergamo. Ihr Beispiel lockte Nachahmer an, doch von den etwa zehn von Glarnern gegründeten Textilfirmen konnte sich nur rund die Hälfte halten. Denn nun begannen auch die Italiener, Fabriken zu bauen. So entwickelte sich Bergamo zur zweitgrössten Textilproduzentin nach Mailand. Um 1879 waren rund 2000 Arbeiterinnen und Arbeiter in Textilfabriken beschäftigt sowie 80 000 Spindeln und 1500 Webstühle in Betrieb. Um die Jahrhundertwende waren es bereits 8000 Beschäftigte, 180 000 Spindeln und 5000 Webstühle.

Die Anziehungskraft von Bergamo hatte mehrere Aspekte: Zum einen war die für den Antrieb der Spinn- und Webmaschinen nötige Wasserkraft vorhanden und obendrein günstig zu erwerben. Zum anderen warteten zahlreiche und billige Arbeiter – Männer, Frauen und Kinder – auf Beschäftigung, da sich die Landwirtschaft und die örtliche Seidenindustrie in der Krise befanden. Noch war diese Bevölkerungsgruppe weitgehend ohne Schutz, während im Glarnerland bereits Fabrikarbeitervereine und Fabrikgesetze existierten. Attraktiv war

Logo der Firma Cotonificio Legler S.A., um 1940.

die Provinz Bergamo ausserdem durch ihre relative Nähe zu bedeutenden Absatzmärkten und Handelszentren wie Mailand, Venedig, Genua oder Turin. Auch auf dem Bankensektor war vorgesorgt: Die 1873 gegründete Banca Bergamasca di Depositi e Conti Correnti ermöglichte es den Unternehmern, Anleihen aufzunehmen für Firmengründungen oder -erweiterungen. Wichtig für die Neuankömmlinge war ferner, dass in Bergamo bereits etliche protestantische Einwanderer aus der Schweiz lebten, was ihnen und ihren Familien die gesellschaftliche Integration erleichterte.

Standesgemässe Wohnsitze

Die Brüder Mathias und Fridolin Legler sowie ihr Mitstreiter Fritz Legler-Hefti liessen sich ausserhalb von Ponte San Pietro in der Nähe der Fabrikanlagen und des Bahnhofs nieder. Das Umland des am Brembo gelegenen Städtchens war noch weitgehend unbebaut und wurde vor allem landwirtschaftlich genutzt. Nach und nach entstand ein ganzes Quartier mit standesgemässen Wohnsitzen für die Fabrikantenfamilien und Wohnungen für höhere Angestellte. Mathias Legler liess die Villa Glarona bauen, die im Zweiten Weltkrieg zerbombt wurde. Sein Bruder beauftragte den Architekten Alfred Chiodera (1850–1916) mit dem Bau der Villa Belvedere. Der in Mailand geborene und im Kanton St. Gallen aufgewachsene Schweizer hatte in Stuttgart Architektur studiert. 1878 gründete er in Zürich mit Theophil Tschudy (1847–1911) ein Architekturbüro, zu dessen Hauptwerk die Villa Patumbah in Zürich gehört. Zwischen 1875 und 1910 baute Chiodera mehrere Villen in Norditalien und in Rom. Die Villa von Fritz Legler-Hefti hiess Maria nach seiner Ehefrau Maria (1857–1922). Im gleichen Quartier wurde Mitte des 20. Jahrhunderts die Villa Verilda errichtet für die Mutter des letzten Patrons, Ilda Legler-Tschudi (1888–1987).

In unmittelbarer Nähe ihrer Villen eröffneten die Fabrikanten 1892 eine deutschsprachige Schule für ihre eigenen Kinder sowie für die Kinder der Schweizer Angestellten, die in die Region Bergamo gezogen waren. Zu Beginn kümmerte sich vor allem der Bruder von Mathias, Fridolin, um den Schulbetrieb. Er beaufsichtigte den Primar- und den Sekundarlehrer, die ebenfalls aus dem Glarnerland stammten. 1965 erfolgte die Anerkennung als Schweizer Schule im Ausland durch den Bund, wobei der Kanton Glarus das Patronat übernahm. Der 1921 geborene (Giovanni) Enrico Legler-Schläpfer, ein Enkel von Mathias Legler-Legler, engagierte sich über Jahrzehnte bis zu seinem Tod 1994 als Präsident der Schweizerschule. Nach ihm leitete sein Sohn Adriano Legler (geb. 1950) die Institution bis 2004. Wegen wachsender Nachfrage wurde die Schule 2005 nach Bergamo in ein grösseres Gebäude verlegt. Seitdem amtiert Elena Legler Donadoni (geb. 1961), ebenfalls eine Urenkelin von Mathias Legler, als Präsidentin.

Ein Merkmal der Glarner Unternehmer in Ponte San Pietro war die soziale Gesinnung, die sie ihren Arbeitern und Angestellten entgegenbrachten. So gründeten sie nicht nur eine Schule, sondern errichteten auch Arbeiterhäuser, Säuglingshorte und Kinderheime und boten Fortbildungs- und Haushaltungskurse an. Entsprechend wurde Fridolin in einem Nachruf der «Neuen Glarner Zeitung» vom 30. Juli 1902 «eine sehr menschenfreundliche Gesinnung gegen seine Arbeiter, welche mit wahrer Verehrung an ihm hingen» attestiert. Seine Frau Albertina Legler-Hefti (1864–1941) kümmerte sich um die fabrikeigene Krippe. Derweil setzte sich Teilhaber Friedrich Legler-Hefti für den Bau eines «Altersheims für Veteranen der Arbeit» ein. Mathias Legler wiederum lernte auf einer Geschäftsreise in England Genossenschaftsläden für Fabrikarbeiter kennen. Das Prinzip der Konsumvereine war ihm aber vermutlich aus dem glarnerischen Schwanden bekannt, wo bereits 1839 eine Aktienbäckerei und in den 1860er-Jahren eine Konsumgenossenschaft gegründet worden waren. 1901 förderte Mathias Legler auch in Ponte San Pietro die Gründung einer solchen Konsumgenossenschaft, der Società Cooperativa di Consumo, der ersten in der Provinz von Bergamo. Dort konnten seine Angestellten günstig Lebensmittel einkaufen. 1962 eröffnete die Cooperativa einen der ersten Supermärkte in Italien, allerdings mussten sich die Kunden zuerst an die Selbstbedienung gewöhnen. Noch heute bestehen in der Region vierzehn Legler Markets, die weiterhin als Kooperative organisiert sind und die Lebensmittel, Bekleidung und Haushaltstextilien anbieten. Auch Mathias Leglers gleichnamiger Sohn führte Neuerungen ein: Er war an der Gründung des Fussballklubs von Bergamo – Atalanta Bergamasca Calcio 1907 – beteiligt. Drei Jahre später gründete er einen Fussballverein in Ponte San Pietro und wurde dessen erster Präsident. Der örtliche Sportplatz in der Nähe der ehemaligen Arbeiterhäuser und Fabrikanlagen trägt seinen Namen und erinnert an den «pioniere del calcio italiano» (Pionier des italienischen Fussballs).

Der Heimat stets eng verbunden

Mit ihrer Heimat blieben die ausgewanderten Glarner Fabrikanten stets eng verbunden. In Diesbach bestand ja immer noch die Weberei und Spinnerei, und ein Teil der Verwandtschaft lebte weiterhin im Glarnerland. Nachdem die Produktion in Italien angelaufen war, entschied Mathias Legler im Alter von 35 Jahren, sich eine Ehefrau zu suchen: «Da wir in Italien als drei Junggesellen mit unzuverlässigem Dienstpersonal haushalten mussten, regte sich bei mir nach jahrelangem Unterbruch wieder der Gedanke, dass es nun doch an der Zeit wäre, mich zu verheiraten oder dann darauf zu verzichten, welche Idee bei mir einige Jahre lang die Oberhand hatte.» Bei einem Aufenthalt in der Heimat traf er sein «Bäschen Marie» wieder, die Tochter seines Grossonkels Joachim, Mitgründer der Diesbacher Weberei. Er verlobte sich mit Maria Elisa Legler (1854–1925) und hielt im August 1879 Doppelhochzeit zusammen mit seinem Vetter Fritz, ihrem Bruder, der ebenfalls eine Glarnerin heiratete. Am 19. August 1880 wurde Sohn Matteo geboren, «eine vergeistigte, man möchte sagen veredelte Ausgabe seines berühmten, robusteren Vaters» laut «Glarner Nachrichten» vom 19. August 1958. Er hatte vier Geschwister, von denen eines jedoch früh verstarb.

Als 1887 sein Schwager Jacques Legler-Studer starb, musste Mathias Legler mit seiner Familie nach Diesbach zurückkehren, um die Leitung des dortigen Geschäfts zu übernehmen. Der Umzug fiel ihm zwar nicht leicht, aber seinem Bruder Fridolin und seinem Schwager Fritz hätte er, so seine Überzeugung, den Wechsel noch weniger zumuten können, «aus dem Grunde, weil beide mehr Italiener waren als ich». Noch vor der Abreise ernannte ihn der Schweizerverein von Bergamo, dem er mehr aus Patriotismus denn aus Bedürfnis beigetreten war, zum Ehrenmitglied. In Diesbach bezog die Familie das sogenannte Feldhaus. Gleichwohl reiste Mathias weiterhin alle zwei Monate nach Ponte San Pietro. Bald wurde er «genötigt», sich im Glarnerland am öffentlichen Leben zu beteiligen als Mitglied des Landrats und als Schulpräsident. Nach längerer Krankheit verstarb 1902 sein Bruder Fridolin, worauf Mathias Legler mit seiner Familie definitiv nach Italien zurückkehrte. Er tat es mit gemischten Gefühlen, da seine Wanderlust nicht mehr so ausgeprägt war wie in jüngeren Jahren. Die Leitung des Diesbacher Unternehmens, das 1893 seinen Namen von J. & M. Legler in Legler & Cie. gewechselt hatte, übertrug er an Heinrich Legler-Dürst (1871–1955), Enkel von Firmengründer Joachim und Sohn des bereits 1878 verstorbenen Teilhabers und Ratsherrn Josua. Den Kontakt mit der Heimat hielt Mathias Legler dennoch aufrecht: Jeden Frühling reiste er nach Glarus, um der Landsgemeinde beizuwohnen. Den Sommer verbrachte er jeweils mit seiner Familie in Diesbach im Feldhaus oder oberhalb des Dorfes auf dem Stelliboden. Dort, auf 1665 Metern über Meer, hatte der begeisterte Bergsteiger und Jäger 1897 eine Hütte erbauen lassen. Sie befindet sich noch immer in Familienbesitz. Eine zweite Hütte gab Mathias Legler 1907 in Auftrag; sie war «für weniger geübte Touristen und für die Frauenwelt» gedacht. Die Leglerhütte auf 2273 Metern über Meer am Freiberg Kärpf schenkte er der Sektion Tödi des Schweizer Alpen-Clubs SAC, liess aber für sich und seine Nachkommen einen Raum reservieren.

Diesbach unter Strom

Während seiner Zeit in Diesbach gelang Mathias Legler eine weitere Pionierleistung, als er 1889 ein kleines Elektrizitätswerk bauen liess. Das Hochdruckkraftwerk von Charles Eugen Lancelot Brown (1863–1924), damals Chefelektriker bei der Maschinenfabrik Oerlikon, war die erste derartige Anlage in der Schweiz. Als erste Glarner Gemeinde folgte 1890 Näfels mit der Ausnützung der Oberseequellen. Im Glarner Hinterland wurde der Grenzbach zwischen Diesbach und Betschwanden – der Diesbach – oberhalb des Wasserfalles gefasst und in einem Dynamohäuschen in elektrische Energie umgewandelt. Mittels einer Freileitung, einer der ersten längeren auf dem europäischen Kontinent, wurde der Strom zu den Fabrikgebäuden auf der Allmeind geführt. In einem Vertrag vom 22. Mai 1888 kamen die Firma Legler und der Tagwen Betschwanden überein, dass das Unternehmen die Wasserkraft des Diesbachs nutzen durfte, dafür aber dem Tagwen ein Hydrantennetz für das Dorf erstellen müsse. 1909 erstellte das Unternehmen eine neue Kraftwerkanlage direkt bei den Fabrikgebäuden. Dazu wurde das Wasser des Diesbachfalles in Röhren auf die Allmeind geführt. In einem Generalvertrag verzichtete die Gemeinde Diesbach zugunsten der Firma Legler auf ihr Wasserrecht; im Gegenzug verpflichtete sich diese, gratis Strom zu liefern für die Strassenbeleuchtung im Dorf. Dynamohäuschen und Ausgleichsweiher beim Diesbachfall dienten später der Bevölkerung als Umkleidekabine und Schwimmbad. Zum Hochdruckkraftwerk kam im Zweiten Weltkrieg ein weiteres Kraftwerk hinzu. Ursprünglich hatten die Fabrikanten nur die Wasserkraft der Linth zum Antrieb ihrer Maschinen genutzt, wobei die Kraftübertragung mittels Wasserrädern und Transmissionen geschah. Nun bauten sie 1940 ein Niederdruckwerk und einen fünfhundert Meter langen Kanal, der das Wasser von der Linth zum Maschinenhaus führte. Als Anstösserin hatte die Firma das Recht, die Linth bis in die Mitte des Flussbettes zu nutzen. Zu Beginn der 1990er-Jahre benötigte die Firma die eine Hälfte des erzeugten Stromes für den eigenen Betrieb, die andere Hälfte verkaufte sie dem Elektrizitätswerk Linthal, das seit 2011 zu den technischen Betrieben Glarus Süd gehört.

Obwohl das Leglersche Unternehmen in Ponte San Pietro erfolgreich war und stetig wuchs, erlebten die Glarner Auswanderer auch schwierige Zeiten. 1904 erkrankten Mathias und Maria Legler sowie ihr jüngster Sohn an Typhus,

a | Die Legler-Fabrik in Diesbach, um 1960.
b | Luftaufnahme der Legler-Fabrik in Ponte San Pietro, 1961.

Zettlerei: Vorbereitung von Garnen für den Webvorgang, Ponte San Pietro, um 1950.

genasen jedoch nach schweren Wochen. Nach Ausbruch des Ersten Weltkrieges 1914 wurden die Söhne von Mathias Legler und seinem Schwager Fritz Legler zum Dienst einberufen. Die Niedergeschlagenheit und Verzweiflung von Mathias wurden noch verstärkt «durch den Hass, welchen man hierzulande walten liess gegen alles, was deutsch war». Er beendete nach Kriegsende seine berufliche Laufbahn und verfasste 1920 eine Autobiografie. Darin reflektierte er auch seine Haltung gegenüber den Arbeitern: «Nicht, dass ich deshalb meine wohlwollende Gesinnung und Ehrung des guten Arbeiters aufgegeben habe, wohl aber habe ich einsehen müssen, dass es unmöglich ist, es allen Leuten recht zu machen. Umsomehr war es mein Bestreben, unsere Untergebenen aus eigenem Antriebe so gut als möglich zu stellen, um sie so wenig als möglich zu veranlassen, uns daran zu erinnern, und ich glaube, dass unsere Firma in dieser Hinsicht vielen andern voraus war.» In der Firmenleitung verblieb Schwager Fritz mit der nächsten Generation, seinen Söhnen Riccardo Legler-Tschudi (1883–1974) und Fredy Legler-Schindler (1893–1976) sowie Mathias' Sohn Matteo Legler. Dieser heiratete 1911 die Fabrikantentochter Anna Schaeppi (1889–1981) aus Mitlödi GL.

1925 verstarb Mathias Leglers Frau Maria, drei Jahre später sein jüngster Sohn Johannes, genannt Hans. Am 29. April 1932 verschied Mathias Legler im Alter von 88 Jahren. Beerdigt wurde er auf dem protestantischen Friedhof in Ponte San Pietro. Die «Glarner Nachrichten» schrieben am 3. Mai 1932: «Mit ihm ist eine hervorragende Persönlichkeit im industriellen Leben dahingegangen, die im In- und Auslande zu hohem Ansehen gestiegen ist und der glarnerischen Industrie einen Namen von gutem Klang gegeben hat.» Die «Neue Glarner Zeitung» würdigte ihn, der «den Typus eines erfolgreichen Auslandschweizers» darstellte, mit einer ganzseitigen Rückschau auf seinen Werdegang und seine Leistungen. Noch zu Lebzeiten waren er und sein Bruder Fridolin für ihre Verdienste als Ritter der italienischen Krone geehrt worden.

Investitionen im Glarnerland

Inzwischen hatte Heinrich Legler-Dürst, der das Diesbacher Unternehmen seit Ende des 19. Jahrhunderts führte, den Betrieb ausgebaut. So hatte er 1905 in der Nähe der Fabrik ein markantes Bürogebäude im klassizistischen Stil mit zeitgemässem Flachdach errichten lassen. Als die Nachfrage nach Garn stieg, wurde 1910 eine neue Spinnerei gebaut. Zu diesem Zeitpunkt arbeiteten rund zweihundert Personen im Leglerschen Unternehmen. Als erste Belegschaft im Kanton erhielten sie ab 1912 den Samstagnachmittag ohne Lohnausfall frei. Ebenfalls 1912 tätigte Heinrich Legler eine weitere Investition: Er erwarb im benachbarten Betschwanden die stillgelegte Spinnerei des ehemaligen «Spinnerkönigs» Heinrich Kunz mit allen Liegenschaften und Wohnungen. Nun nutzte die Firma Legler das Gebäude als Lagerhalle für Baumwolle und verhinderte gleichzeitig mit dem Kauf die Ansiedlung von Konkurrenten. Wie sein Vorgänger Mathias hatte der 1871 geborene Heinrich Legler nicht studiert, jedoch in St. Gallen die Kantonsschule besucht. Anschliessend absolvierte er die Handelsabteilung der Kantonsschule Lausanne und nahm an Kursen an den Spinn- und Webschulen von Wattwil und Mulhouse teil. Im Unternehmen in Ponte San Pietro sammelte er praktische Erfahrungen und lernte Italienisch. 1895 heiratete er Anna Margaretha Dürst (1873–1947) aus Mitlödi, zusammen hatten sie zwei Töchter und einen Sohn. In dieser Zeit beauftragte er die Zürcher Architekten Kehrer & Knell mit dem Bau der Villa Breitenstein in Diesbach. Diese hatten bereits in Ennenda drei Fabrikantenvillen für die Teilhaber der Firma Barth. Jenny & Cie. errichtet.

1930 – mitten in der Weltwirtschaftskrise – wurde Heinrich Legler zum Vizepräsidenten des Verwaltungsrates der Cotonificio Legler S.A. in Ponte San Pietro gewählt. Daneben widmete er sich weiteren Aufgaben: Er unterstützte mehrere Glarner Firmen als Berater und sass von 1900 bis 1948 im Vorstand der Glarner Handelskammer. Zudem amtierte er als Gemeinde- und Landrat,

Schul- und Kirchenpräsident. Im Ersten Weltkrieg hatte er als Hauptmann der Infanterie eine Kompagnie des Schützenbataillons 8 geführt. Auch seine Mutter Angelika Legler-Schlittler, deren Mann wie erwähnt 1878 bereits im Alter von 40 Jahren gestorben war, engagierte sich in der Öffentlichkeit: Sie war Präsidentin des örtlichen Frauenvereins und setzte sich für die Mädchenarbeitsschule ein. Am 31. Dezember 1948 verstarb die Witwe im hundertsten Lebensjahr als älteste Kantonsbürgerin, 70 Jahre nach ihrem Ehemann. Als Heinrich Legler 1955 starb und sich auch sein Sohn aus dem Betrieb zurückzog, beschloss man in Ponte San Pietro, das Glarner Stammhaus von Italien aus zu führen. Hauptsächlich Matteo Legler-Schaeppi, ältester Sohn von Mathias Legler-Legler und seit 1940 Verwaltungsratspräsident, nahm sich der Firma an. Obwohl Ponte San Pietro zu seiner zweiten Heimat geworden war, blieb er dem Glarnerland verbunden. Laut den «Glarner Nachrichten» vom 19. August 1958 «fühlte er sich doch immer als Diesbacher, und wir betrachteten ihn mit Stolz als einen der unsrigen. Er bildete das Bindeglied zwischen der bescheidenen Heimat und dem Welt-Unternehmen in Oberitalien». Von seinem Vater hatte er die Liebe zu den Glarner Bergen geerbt. Trotz ständiger Abwesenheit war er Oberleutnant der Schweizer Armee geworden. Neben seinen eigenen sechs Kindern sorgte er auch für die Kinder seines früh verstorbenen Bruders Johannes. Viel Zeit blieb Matteo Legler allerdings nicht für die Führung der Diesbacher Fabrik, denn er verstarb 1958 im 79. Altersjahr, ein Jahr nach dem 100-Jahr-Jubiläum der Firma Legler.

  Mittlerweile sass in Ponte San Pietro die dritte Generation in der Geschäftsleitung von Legler Industria Tessile SpA (Società per Azioni = Aktiengesellschaft). Laut einem Familienvertrag (un contratto familiare) durften pro Familienzweig jeweils höchstens zwei Söhne in die Firma eintreten. Als Ausbildung hatten sie einen Universitätsabschluss vorzuweisen sowie einige Jahre Berufserfahrung in einem anderen Unternehmen. Die Töchter waren von einer Tätigkeit in der Firma ausgeschlossen, übernahmen jedoch Verantwortung als Vermittlerinnen bei der Interpretation des Vertrags. Vom Matteo-Zweig waren Matteo Legler-Eisenlohr (1915–1995) und sein jüngerer Bruder Enrico Legler-Schläpfer (1921–1994) im Unternehmen aktiv, beide hatten einen Abschluss als Textilingenieure. Matteo hatte im deutschen Reutlingen am Technikum für Textilindustrie studiert, Enrico in Manchester und Bolton, beides Zentren der britischen Baumwollindustrie. Ihr Vetter, Fredy A. Legler (1916–2002), eigentlich ein Onkel vierten Grades, stammte aus der Joachim-Linie. Er hatte in Köln Wirtschaftswissenschaften studiert und 1940 mit einer Arbeit über «Die Bedeutung der Auflagegrösse für die Baumwollweberei» promoviert. Danach beriet er als Assistent der ETH Zürich schweizerische Textilunternehmen. 1945 heiratete er Claudine Borel (geb. 1924) aus Neuenburg und trat ins Familienunternehmen ein. 1954 übernahmen Matteo und Fredy Legler die operative Leitung von Legler

Fredy Legler-Borel (1916–2002)   Matteo Legler-Eisenlohr (1915–1995)

Industria Tessile. Es gelang ihnen, Beziehungen zur internationalen Modewelt zu knüpfen und bedruckte Stoffe für die Haute Couture zu produzieren. Dabei kam es unter anderem zur Zusammenarbeit mit Hubert de Givenchy, dem bekannten französischen Modeschöpfer. Ausserdem führte Fredy Legler 1962 als einer der Ersten den Versandverkauf in Italien ein. Sein Unternehmen – la Vestro – behauptete sich erfolgreich in dieser Branche und wurde später von der französischen Firma La Redoute übernommen. 1963 lancierte Legler mit Prénatal die führende Ladenkette für Schwangerschafts- und Babykleidung. Ferner übernahm er Aufgaben bei weiteren Unternehmen, etwa bei der Textilfirma Gioachino Zopfi oder im Verwaltungsrat der 1888 in Mailand gegründeten Banca Popolare Commercio e Industria. Währenddessen war in Diesbach die Weberei weiterhin ausgelastet. Allerdings musste 1966 die Spinnerei geschlossen werden.

Erfolg mit Cord und Denim

Ende der 1960er-Jahre bekam Legler Industria Tessile die Auswirkungen der 1968er-Bewegung zu spüren. Durch den Druck der Gewerkschaften und die politischen Veränderungen waren die Löhne in der italienischen Textilindustrie innert kurzer Zeit um beinahe 50 Prozent gestiegen. Neue Vorschriften erschwerten es den Unternehmen, Arbeiter zu entlassen. Insgesamt wandelte sich die Branche von einer arbeits- zu einer kapitalintensiven Industrie. Somit war die Zeit für einen Wechsel in der Geschäftsstrategie gekommen. Seit den 1960er-Jahren produzierten amerikanische Firmen in Belgien Jeans, wobei sie den Cord- und Denimstoff mit hohen Kosten aus den USA importieren mussten. Diese Marktlücke entdeckte Fredy Legler dank seiner internationalen Kontakte. Sein Plan war, die Produktion umzustellen – von 90 Zentimenter breiten bedruckten Damenstoffen, Samt, Buntgewebe, Krageneinlagen, Hemdstoffen und vielen anderen kleinen Artikeln, wie zum Beispiel Schreibmaschinenbändern, auf die Herstellung von 150 Zentimeter breiten Cord- und Denimstoffen aus Baumwolle.

Eine ideale Ergänzung

1970 entschied das Direktionskomitee von Legler Industria Tessile einstimmig, das Risiko einer kompletten Umstellung einzugehen. Im sogenannten Comitato Centrale, den monatlichen Sitzungen des gesamten Managements, wurden die strategischen, operativen und finanziellen Entscheide des Unternehmens gefällt. In der Umstellungsphase traf man sich dann wöchentlich, auch während der Feiertage. Fredy und Matteo Legler übernahmen in der Folge im Turnus das Präsidium: Ein Jahr lang fungierten Fredy als Präsident und Matteo als Vizepräsident, das nächste Jahr tauschten sie ihre Ämter. Dabei ergänzten sie einander mit ihren unterschiedlichen Charakteren auf eine ideale Weise. Fredy war innovativ, motivierend und fordernd (auch gegenüber sich selbst), während Matteo sich um Technik und Personalwesen kümmerte und sich auch vor harten Entscheidungen nicht scheute. Beide Unternehmer teilten den Mut zum Risiko: Für die Umstellung der Produktion brauchte es eine erste Investition von 20 Milliarden Lire – bei einem Jahresumsatz von 30 Milliarden Lire. Mit dieser Investition wurde in Ponte San Pietro eine neue Halle gebaut, um Cordstoff auszurüsten und zu veredeln. Zwei Jahre später konnten die vereinbarten zehn Millionen Meter Stoff an die Jeanshersteller in Belgien geliefert werden.

Für die weiteren Investitionen suchte das Unternehmen in wenig industrialisierten Gegenden Italiens Finanzpartner, welche staatliche Unterstützung erhielten. So wurde 1972 mit Lanerossi, einer zur staatlichen Gruppe Eni gehörenden Textilfirma, auf Sardinien eine neue Weberei und Spinnerei für Cord eingerichtet. Der Erfolg, den Legler Industria Tessile mit Cord hatte, führte dazu, dass die amerikanischen Jeanshersteller in Europa Denim für Blue Jeans bestellten. Auch hier schloss das Unternehmen ein Akommen mit einem staatlichen Unternehmen sowie weiteren Partnern. Legler übernahm die Fabrikgebäude der ehemaligen traditionsreichen Textilfirma Crespi d'Adda, südwestlich von Bergamo am Fluss Adda, um eine Spinnerei und Weberei für die Produktion von Denim zu installieren. Die mustergültige Fabrikanlage samt Arbeiterdorf wurde später zum Weltkulturerbe der UNESCO erklärt. Fredy Legler schickte das gesamte Management nach Amerika und holte für die Startphase einen pensionierten amerikanischen Techniker nach Italien. Bereits 1973 verliessen die ersten Meter Denim die Fabrik, nachdem sie in Ponte San Pietro ausgerüstet wurden. Damit war Legler Industria Tessile die erste Firma in Europa, die Denim produ-

Leglerstoffe in der Haute Couture: Für Werbeaufnahmen arbeiteten die Leglers mit bekannten Stylisten und Fotografen zusammen, hier ein Modell des Modehauses Sorelle Fontana von 1963.

zierte. Bald belieferte man auch die neuen italienischen Jeanshersteller. Zwischen 1970 und 1974 stieg der Jahresumsatz von 30 auf 150 Milliarden Lire. 1974 übernahm das Unternehmen die Stoffel AG aus St. Gallen mit Fabriken in Schmerikon, in Mels und im glarnerischen Netstal. Der Kaufentscheid war wohl nicht zuletzt eine Hommage an die schweizerische Herkunft von Legler Industria Tessile. Die Leitung der Stoffel AG wurde Heinrich (Enrico) Meierhofer-Legler (1929–1993), Schwiegersohn von Fredy Legler-Schindler, übertragen. Um der steigenden Nachfrage für Denim nachzukommen, wurden in Schmerikon eine moderne Denimweberei und in Mels eine Spinnerei eingerichtet. Nachdem die bestehende Fabrik in Netstal 1979 durch einen Brand zerstört worden war, wurde dort eine neue Produktionshalle zur Veredelung von Jeansstoffen gebaut.

Jeans im Management

Anfang der 1980er-Jahre erreichte Legler Industria Tessile in der europäischen Denimproduktion einen Marktanteil von 20 Prozent und wurde somit zu einem Vorbild für die gesamte europäische Textilindustrie. Fredy Leglers Führungsstil mit eigens entwickelten Zielsetzungsblättern für das Management wurde auch von anderen Fabrikanten übernommen. Auch die Direktoren von Legler Industria Tessile trugen oftmals Jeans, sogar während der Arbeit. Zur Gruppe gehörten nun mehrere Firmen, die an acht Standorten in Italien und in der Schweiz insgesamt rund 2500 Personen beschäftigten. Im Glarnerland war die Diesbacher Weberei bereits 1975 in die Aktiengesellschaft Legler & Co. umgewandelt worden. Gegen Ende des Jahrzehnts verlagerte sich die Produktion zunehmend nach Italien, so dass die Anzahl der Angestellten auf 20 sank. Diese Reduktion wirkte sich auch auf die Standortgemeinde aus, deren Einwohnerzahl sich im Laufe des 20. Jahrhunderts auf weniger als 250 Personen halbiert hatte. Schon im 19. Jahrhundert war Diesbach die Glarner Gemeinde mit der höchsten Auswanderungsquote gewesen – trotz der Leglerschen Textilbetriebe.

Im Zuge dieser Erfolge wurde Fredy Legler 1988 vom italienischen Staatspräsidenten mit dem Titel Cavaliere del Lavoro (Ritter der Arbeit) ausgezeichnet, der höchsten zivilen Ehrung des italienischen Staates für Verdienste um die wirtschaftliche Wohlfahrt des Landes. Die Auszeichnung fiel in eine schwierige Zeit für den Patron, da er sich mit der Zukunft des Unternehmens befassen musste. Bereits Mitte der 1980er-Jahre hatte er an einem Wirtschaftskongress erklärt, dass das wahre Problem von Familienunternehmen die Nachfolgeregelung sei. Wenige Unternehmerdynastien hätten über die dritte oder vierte Generation hinaus Bestand. Dies sollte auch für Legler Industria Tessile zutreffen, denn 1989 – ein Jahr nach Fredys Ernennung zum Cavaliere – verkaufte die dritte Generation den Textilbereich an den italienischen Konzern Polli. Damit

Mit Denim und Cord eroberte Legler Europa. Werbung für Firmenkunden von 1977/78.

entstand gemäss der Zeitung «La Repubblica» vom 17. Juni 1989 ein Textilkoloss mit über 800 Milliarden Lire Umsatz. Auch im Glarnerland wurde der Verkauf thematisiert, und zwar im «Neujahrsboten für das Glarner Hinterland» von 1990: «Um die Chancen des grossen Europamarktes, der 1992 aufgeht, besser wahrnehmen zu können, haben sich die Familiengesellschaften Legler und Polli zusammengetan. Dadurch entsteht der grösste Textilkonzern Italiens im Baumwollbereich mit einem Umsatz von rund 1 Milliarde Franken und 5800 Mitarbeitern.» Als letztes Familienmitglied (und Vertreter der vierten Generation) in einer betrieblichen Funktion tätig war Adriano Legler-Taffi, Sohn von Enrico Legler-Schläpfer. Er war bis Ende 2004 Präsident der Legler Holding SpA mit Sitz in Italien, die nach dem Verkauf der Legler Industria Tessile gegründet worden war und diverse Liegenschaften des Unternehmens übernommen hatte.

Am 28. April 1995 verstarb Matteo Legler-Eisenlohr im Alter von 80 Jahren. Zusammen mit seinem Vetter hatte er 35 Jahre lang die Firma geführt. Fredy Legler hatte seinen letzten öffentlichen Auftritt im September 2001, als in Bergamo 200 Jahre Freundschaft mit der Schweiz gefeiert wurden. Vom Bürgermeister erhielt der mittlerweile 85-Jährige eine goldene Medaille für seine Verdienste. Nur wenige Wochen danach erlitt der begeisterte Pilot, der in den 1960er-Jahren das Berufspilotenbrevet für Jets erworben hatte, einen Helikopterunfall, an dessen Folgen er am 21. September 2002 in Ponte San Pietro verstarb. Der Pionier der Textilindustrie wurde in der Presse gewürdigt als Unternehmer, Flieger, Filmregisseur, Sportler und Menschenfreund. Im «L'Eco di Bergamo» vom 22. September 2002 stand, er sei «un tipico montanaro», ein typischer Bergbewohner, gewesen, der die Besonderheiten des Kantons Glarus und des Bergamo zusammengeführt habe: pragmatisch, einfach, entschlossen und hilfsbereit.

Von der Industrie zur Dienstleistung

Die beiden Glarner Textilfabriken in Diesbach und Netstal hatten die Glarner Unternehmer nicht verkauft, sondern behalten mit dem Ziel, die Produktion aufrecht zu erhalten. Allerdings führten die sich verschärfenden Zollbestimmungen der Europäischen Union bald zur Einstellung des Netstaler Betriebs, wodurch 180 Arbeitsplätze verloren gingen. Die Besitzer beschlossen, das Areal in der Nähe des Bahnhofs zu einem Dienstleistungs-, Gewerbe- und Einkaufszentrum auszubauen, wozu sie die Wiggis-Park AG gründeten, benannt nach dem über Netstal thronenden Berg. Die Wiggis-Park AG gehörte ab 1995 zusammen mit der Legler&Co. AG zur neu gegründeten Legler Holding AG mit Sitz in Diesbach. Bei der Eröffnung des Einkaufs- und Gewerbezentrums Wiggis-Park im Jahr 1995 standen schliesslich über 30 000 Quadratmeter Geschossfläche zur Verfügung. Im Jahre 2005 verkaufte die Legler Holding AG den Wiggis-Park an die israelische Alrov-Gruppe, die in der Schweiz mehrere Einkaufszentren besitzt. In der Weberei in Diesbach wurde noch einige Jahre weiterproduziert, bis die Unternehmer 2001 – nach 144 Jahren – diesen Standort ebenfalls schliessen mussten. Auch die Mischrechnung mit den betriebseigenen Kleinkraftwerken hatte zu keiner Lösung geführt. 2003 wurde das Hochdruckkraftwerk veräussert, das Flusskraftwerk aber behalten.

Was ist nach dem Ende der Textilära Legler übrig geblieben? Im Glarnerland das Einkaufs- und Gewerbezentrum Wiggis-Park in Netstal sowie zwei Kleinwasserkraftwerke in Diesbach. Dort zeugt noch immer das ehemalige Fabrikareal von der Geschichte dieser Firma, die ihren Ursprung in der Handweberei hatte. 2013 ging die Aktiengesellschaft Legler an die Immobilienfirma HIAG über, die ehemalige Industrieareale erwirbt und umnutzt.

Vermächtnis der Familie

Die Familie Legler selbst ist nicht nur durch den Fabrikkomplex und die ehemaligen Fabrikantenvillen mit Diesbach verbunden, sondern auch durch das sogenannte Thomas-Legler-Haus. Der 1782 geborene Sänger an der Beresina verbrachte in diesem Haus, das sein Grossvater 1736 erbaut hatte, seine ersten Lebensjahre. Als der Holzstrickbau wegen der Erweiterung der Kantonsstrasse in Bedrängnis geriet, bildete sich 1985 die «Gesellschaft Thomas-Legler-Haus Diesbach» (ab 1987 Stiftung). Als Mitglied des Stiftungsrates trug Fabrikant Fredy Legler wesentlich dazu bei, dass das geschichtsträchtige Gebäude verschoben und erhalten werden konnte. Seit 1991 werden dort Ausstellungen zu geschichtlichen Themen gezeigt, während sich die Dauerausstellung Thomas Legler, dem Söldnerwesen und der Dorfgeschichte widmet. Mit Michel Legler, einem Neffen von Fredy Legler, ist heute wieder ein Familienangehöriger Mitglied des Stiftungsrats.

Auf Fredy Leglers Wunsch wurde 1994 in Italien ebenfalls eine Stiftung gegründet. Die Fondazione Famiglia Legler befasst sich mit dem geschichtlichen Erbe der Glarner Auswanderer in Bergamo und der weiteren Industriegeschichte. Im ehemaligen Verwaltungsgebäude des Unternehmens ist das Firmenarchiv mit seinen unzähligen Dokumenten, historischen Fotografien, Werbemappen und Stoffmustern untergebracht. Auch Unterlagen zur Fabrik in Diesbach, dem Ursprung des Leglerschen Unternehmens, sind hier zu finden. Um das Fortbestehen der Stiftung zu gewährleisten, konnte ein würdiger Partner in der Fondazione per la Storia Economica e Sociale di Bergamo gefunden werden. Die Bestände können von Forschenden in einem Lesesaal eingesehen werden. Zudem organisiert die Fondazione Archivkurse, Seminare und Tagungen.

Verlässt man das ehemalige Fabrikgelände und begibt sich auf der Via Legler dem Fluss Brembo entlang nach Süden, so gelangt man ins Zentrum von Ponte San Pietro. Dort befindet sich immer noch der Hauptsitz der Legler Markets. Die von den Leglers gegründete Schweizer Schule hat sich wie erwähnt in Bergamo niedergelassen. Sie konnte sich als einzige mehrsprachige Schule in der Umgebung gut positionieren und zählte 2013 rund 175 Schülerinnen und Schüler. Immer wieder unterrichten Glarner Lehrerinnen und Lehrer einige Jahre an der Schweizer Schule, und Schulklassen aus Bergamo und dem Glarnerland statten sich gegenseitig Besuche ab. Somit tragen diese Errungenschaften der Familie Legler weiterhin zu einem kulturellen Austausch zwischen der Schweiz und Italien bei.

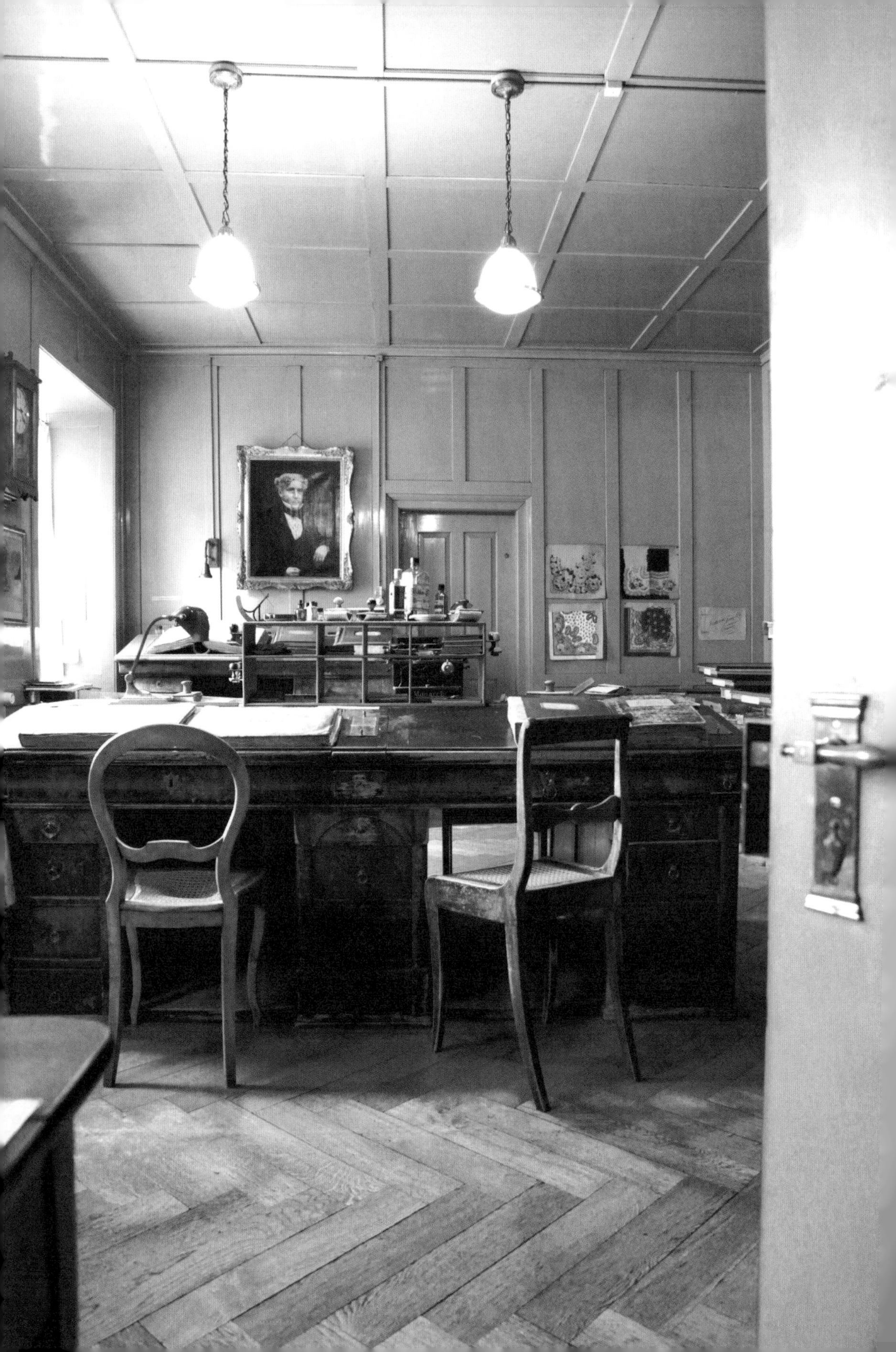

(BARTH.) DANIEL JENNY & CIE. IN ENNENDA UND HASLEN [II]

Das Comptoir
der Firma
Daniel Jenny & Cie.
in Ennenda,
erbaut 1856.

Der Fabrikkomplex der Firma Daniel Jenny & Cie. am nördlichen Dorfrand von Ennenda ist einer der eindrücklichsten im Kanton Glarus. Ennenda liegt im Glarner Mittelland und ist heute Teil der Gemeinde Glarus. Es befindet sich in unmittelbarer Nähe des Hauptortes, nur getrennt durch die Eisenbahnlinie und den Fluss Linth. Um 1890 zählte Ennenda rund 2500 Einwohner und galt als eine der reichsten Gemeinden der Schweiz. Das Fundament für diesen Wohlstand legten Familien, die im 18. Jahrhundert mit ihren Textilhandelsfirmen in ganz Europa aktiv waren. Nach deren Niedergang an der Wende zum 19. Jahrhundert verbanden sich in Ennenda Textilhandel und -produktion zu neuer Stärke. Mit dem Bedrucken und dem Vertrieb von Stoffen entwickelte sich ein höchst rentables Gewerbe und das machte Ennenda zum Industriedorf mit Fabriken, Reihenhäusern und Fabrikantenvillen. Die Textilunternehmerfamilie Jenny hatte daran einen entscheidenden Anteil.

Der Firmengründer Bartholome oder Bartholomäus Jenny kam am 18. April 1770 in Ennenda auf die Welt. Das weit verbreitete reformierte Geschlecht Jenny taucht im Glarnerland erstmals im 15. Jahrhundert auf. Ab dem 17. Jahrhundert traten Mitglieder der Familie als Handelsleute von Schiefertischen in Erscheinung, so auch Bartholomes Urgrossvater Fridolin Jenny (1684–1733). Sein gleichnamiger Grossvater (1717–1791) war Lehrer und Posthalter. Zu dieser Zeit reiste zwischen Glarus und Zürich ein Postfuhrwerk pro Woche hin und her; zudem gab es eine wöchentliche Verbindung von Weesen nach Chur und nach St. Gallen. Bartholomes Vater Kaspar (1743–1806) verdiente seinen Lebensunterhalt als Postbote und als Holzfäller. 1769 heiratete er Afra Marti (1741–1814) aus Engi, die Tochter eines Maurers. Das Ehepaar hatte neun Kinder, von denen vier schon früh verstarben. Ihr ältester Sohn Bartholome knüpfte an die unternehmerische Tradition in der Familie an und sollte den Namen Jenny zu einer Grösse in der Glarner Textilindustrie machen.

Vom Friseur zum Fabrikanten

Bartholome Jenny «fühlte schon früh den Trieb in sich, sich in eine höhere Gesellschaftsschicht emporzuarbeiten», schrieb sein Enkel Adolf Jenny-Trümpy. So begab sich Bartholome in jungen Jahren nach Oberösterreich, um in einer Musselinfabrik die Handweberei zu erlernen. Der Betrieb, der leichte und feine Stoffe herstellte, befand sich im Städtchen Schwanenstadt und gehörte der sogenannten Wienerhandlung Jenny, Aebli & Cie. Diese war um 1750 in Ennenda gegründet worden und entwickelte sich zu einem der bedeutendsten Glarner Handelshäuser. Es war aber keine direkte Verwandtschaft von Bartholome. Jenny, Aebli & Cie. handelte vom Hauptsitz in Wien aus mit Leinwand für Bettzeug und Hemden sowie mit Baumwolltüchern im Habsburgerreich, in Polen und Russland.

Anna Jenny-Becker (1779–1835) und Bartholome Jenny-Becker (1770–1836).

1784 kam die Musselinfabrik hinzu, in der Bartholome Jenny dann seine Ausbildung absolvierte.

Um die Mitte der 1790er-Jahre kehrte Bartholome nach Ennenda zurück, wo er zunächst als Friseur und Perückenmacher arbeitete. 1796 vermählte er sich mit Sophia Becker (1766–1800) aus Ennenda, deren Vater als Schiffsmeister Lastschiffe auf der Strecke Zürich-Walenstadt führte. Nach ihrem Tod ging Bartholome 1801 die Ehe mit Anna Maria Becker (1768–1805) ein, der Tochter eines Richters und Hauptmanns. Da auch die zweite Ehefrau bald verstarb, heiratete er schliesslich 1807 Anna Becker (1779–1835), die Tochter eines Handelsmanns. Aus der ersten und zweiten Ehe gingen insgesamt fünf Kinder hervor, die alle jung verstarben. Von den elf Kindern aus der dritten Ehe überlebten nur vier. Nach der dritten Heirat besann sich Bartholome auf seine Ausbildung als Handweber und gründete 1808 im Alter von 38 Jahren zusammen mit seinen jüngeren Brüdern Kaspar und Fridolin den Handwebereibetrieb «Barth. Jenny & Cie.»

Die Firmengründung fiel jedoch in eine schwierige Zeit: Gegen Ende des 18. Jahrhunderts hatte die Glarner Handspinnerei Konkurrenz aus England erhalten. Dort waren ab den 1760er-Jahren Spinnmaschinen entwickelt worden, die qualitativ ebenbürtiges Garn schneller produzierten. Bald war dieses günstigere Maschinengarn auch auf dem Kontinent erhältlich, worauf die Löhne der Glarner Handspinnerinnen und -spinner zu sinken begannen. Während der Koalitionskriege (1792–1815) war das Glarnerland von den Franzosen besetzt worden, die dort gegen die Russen unter General Suworow kämpften. Die Kriegshandlungen hatten die Landwirtschaft in Mitleidenschaft gezogen, und durch die Einquartierung der fremden Soldaten war die Bevölkerung zusätzlich in Not

Die Fabrikanlage Daniel Jenny & Cie. in Ennenda, 1950.

geraten. Wegen dieser Wirren mussten zahlreiche Niederlassungen von Glarner Handelshäusern im Ausland geschlossen werden. Die etablierten Ennendaner Handelsleute erlitten schwere finanzielle Verluste.

In dieser Krisenzeit wandten sich Männer wie Bartholome dem noch wenig konkurrenzierten Baumwolldruck und der Weberei zu. Sie profitierten dabei von der Kontinentalsperre (1806–1814), einer von Napoleon verhängten Handelsblockade gegenüber England. Denn zu dieser Zeit herrschte in Europa ein Engpass an Baumwolltüchern. In der Schweiz war es indes möglich, Baumwolle aus Ägypten und Griechenland und sogar gewisse Mengen von Maschinengarn aus England einzuführen, was für Bartholomes Unternehmung von Vorteil war.

Handweberei und Handel

Die Firma Barth. Jenny & Cie. hatte ihren ersten Sitz im Mitteldorf von Ennenda. Dazu wird Bartholomes Enkel Adolf Jenny-Trümpy in der Firmenfestschrift von 2008 wie folgt zitiert: «Solange Bartholome Jenny-Becker, mein Grossvater mütterlicherseits, das Haus gegenüber der Kirche bewohnte, war darin starker Geschäftsbetrieb. Damals stand die Handweberei in Blüte. In den oberen Kammern wurden riesige Mengen von englischem Baumwollgarn in Bündeln aufbewahrt, im Unterzug die von den Handwebern eingehenden Tücher aufgestapelt; in der grossen Küche wurde das Zettelgarn in Leimwasser gesotten, getrocknet, gehaspelt, zu ‹Wirpfen› aufgewunden und nebst dem Schussgarn dem Handweber selbst zugestellt oder den ‹Ferggern› übergeben.» Die Fergger lieferten das vorbereitete Garn den Handwebern nach Hause. Dabei mussten sie bis ins Sernf- und Grosstal und bis auf den Kerenzerberg wandern, weil es im Glarner Mittelland nur wenige Webstuben oder -keller gab. Anschliessend holten sie die fertigen Tücher bei den Heimarbeiterfamilien ab. Auch Bartholomes Frau Anna arbeitete im Betrieb mit. Sie betreute die Kinder und führte Vorarbeiten für das Handwebergeschäft aus. Dazu gehörten etwa die Garnkontrolle, das Sieden des Garns, um es zu verfestigen, das Trocknen, Aushaspeln, Abwägen und Verteilen an die Handweber. Nachdem die Fergger die Tücher von den Handwebern zurückgebracht hatten, half Anna beim Kontrollieren und stellte die Tücher zum Verkauf bereit.

Anfänglich verkaufte Barth. Jenny & Cie. die rohen, also ungebleichten und unbedruckten Tücher direkt an Glarner Druckfabrikanten oder an St. Galler Tuchhändler, die sie an den Tüchermärkten im toggenburgischen Lichtensteig und in St. Gallen trafen. Mit steigender Nachfrage wollten aber die drei Jenny-Brüder die Veredelung und den Vertrieb ihrer Produkte stärker kontrollieren. Daher liessen sie ab 1815 die rohen Tücher auf eigene Kosten in Glarus und Mollis bleichen und bedrucken. Anschliessend exportierten sie die Textilien nach Italien. Um dem neuen Absatzgebiet näher zu sein, eröffnete Barth. Jenny & Cie. 1818 eine Filiale in Lugano, zu deutsch damals Lauis. Die Zweigstelle im Tessin wurde zur Drehscheibe für den Absatz der begehrten bedruckten Glarner Stofftücher nach Italien und von dort aus weiter in den Nahen und Fernen Osten. Die Leitung der Filiale in Lugano übernahm Bartholomes jüngster Bruder und Mitbegründer der Firma, Fridolin Jenny-Heer. Er wurde auch «der kleine Fridli» genannt. Unterstützung erhielt er dabei von einem Verwandten: Fridolin Jenny-Glarner hatte denselben Urgrossvater und wurde zur Unterscheidung «der grosse Fridli» genannt. Er war eng mit dem Handelsgeschäft vertraut, da sein Vater 1783 in Glarus die erfolgreiche Deutschländerhandlung Jenny & Streiff mitgegründet hatte und er selbst die Lehrzeit an einem Glarner Handelshaus in Triest verbracht hatte. 1822 wurde Fridolin Jenny-Glarner Teilhaber von Barth. Jenny & Cie.

Einstieg ins Druckgeschäft

Um die Produktionsschritte zu vereinheitlichen, beschloss Bartholome Jenny, die gewobenen Tücher nicht mehr auswärts bedrucken zu lassen, sondern selbst eine Stoffdruckerei in Ennenda zu betreiben. Der Stoffdruck hatte das Glarnerland bereits im 18. Jahrhundert erreicht: Die erste Baumwolldruckfabrik war 1740 durch Landmajor Johann Heinrich Streiff in Glarus eröffnet worden. Da er nicht vom Fach war, bat er einen Koloristen aus der hugenottischen Familie Fazy zu sich. Diese hatte sich in Genf im Indienne- beziehungsweise Blaudruck spezialisiert. Auch später profitierten die Glarner immer wieder vom Wissen der Färber und Drucker aus anderen Gegenden wie beispielsweise Basel, Neuenburg, Mulhouse oder Lissabon.

Seit dem frühen 19. Jahrhundert entwickelte sich die Stoffdruckerei zum wichtigsten Industriezweig des Kantons Glarus. Man kann ab den 1820er-Jahren von einer eigentlichen Gründungswelle sprechen. Im Juni 1827 bewarb sich Bartholome Jenny auf der unteren Allmeind um ein Wasserrecht am Dorfbach, einem von der Linth abgeleiteten Kanal. Doch die Gebrüder Trümpy kamen ihm zuvor. Sie eröffneten bereits im Oktober 1827 eine kleine Druckerei am Dorfbach zwischen Ennenda und Ennetbühls. Das Bedrucken der Stoffe war damals viel Handarbeit, doch die einzelnen Arbeitsschritte – das Zeichnen, Modelstechen, Kolorieren und Glätten der Tücher, das Bedrucken, Trocknen und Verpacken – erforderten viel Raum und einen Standort an Gewässern zum Auswaschen der Tücher. Grosse Teile der Glarner Fabriklandschaft gingen daher auf die Entwicklung der Stoffdruckerei zurück.

Die beiden Trümpy-Brüder Johann Balthasar (1802–1840) und Jakob (1808–1889) stammten aus einer armen Kleinbauernfamilie. Schon als Neunjähriger arbeitete Jakob mit seinen Brüdern und anderen Knaben aus Ennenda in einer kleinen Baumwolldruckerei in Glarus. Als «Streicherkinder» unterstützten sie die Handdrucker, indem sie die Model (eine Art Stempel) auf einem Chassis (farbgetränkter Filz) einfärbten. Anschliessend bedruckte der Handdrucker mittels des Models den Stoff. Trotz geringer Schulbildung stieg Jakob bald zum Handdrucker auf und beschäftigte sich zudem mit Zeichnen und Modelstechen. Die Modelstecher stellten Druckvorlagen her, indem sie auf den hölzernen Modelblöcken mit Stahl oder Messingstiften die Muster einarbeiteten. Im Alter von fünfzehn Jahren verliess Jakob die Heimat, um in Druckereien in der Schweiz und im Elsass zu arbeiten. Nach seiner Rückkehr zwei Jahre später stieg er zusammen mit seinem älteren Bruder in provisorischen Lokalitäten in das lukrativ werdende Geschäft des Stoffdrucks ein.

Mit den Plänen Bartholome Jennys, eine eigene Druckerei zu eröffnen, konnte sich sein Bruder Fridolin nicht anfreunden. Er sah die Zukunft der Textilwirtschaft nicht in der Veredelung, sondern in der Mechanisierung, daher setzte er auf die Spinnerei. Auch agierten Bartholome und Kaspar in Geschäftsbelangen in seinen Augen viel zu vorsichtig. Daher verliess Fridolin 1827 das Unternehmen, um in Glarus ein eigenes Handelsgeschäft zu gründen. Auf dessen Geschichte wird später hingewiesen. Am 31. August 1828 verstarb Bartholomes Bruder Kaspar. In einem Brief an einen Verwandten schrieb Bartholome später, dass er innerhalb von acht Monaten beide Brüder verloren habe. Als Nachfolger Kaspars trat dessen einziger Sohn Kaspar Jenny-Zweifel (1810–1867) in die Firma ein.

Jakob Trümpy-Jenny /-Hösli (1808–1889) und Christina Trümpy-Hösli (1824–1883).

Er leitete später die Filiale in Lugano mit und erhielt deshalb den Übernamen «Lauisser». Später handelte sich Kaspar Jenny einen weiteren Spitznamen – «Goldknopf» – ein, da er die Kugel auf dem Kirchturm von Ennenda auf eigene Kosten vergolden liess.

Eine geschäftliche und familiäre Fusion

Weil es mit dem Bau einer eigenen Druckerei noch nicht geklappt hatte, liess Bartholome Jenny einen Teil seiner Tücher bei den Gebrüdern Trümpy bedrucken. Diese Geschäftsbeziehung entwickelte sich gut, weshalb Bartholome Jenny beschloss, die beiden Firmen zu vereinigen. Im Oktober 1830 kam der Zusammenschluss zustande. Barth. Jenny & Cie. brachte dabei 86 Prozent aktives Vermögen ein. Die Firma Trümpy wurde aufgehoben und die beiden Brüder als Teilhaber der neuen Firma aufgenommen. Obwohl das Unternehmen den Namen des etablierten Handelshauses Barth. Jenny & Cie. trug, blieb die Fabrik in der Bevölkerung weiterhin als «Trümpyger» bekannt. Jakob Trümpy übernahm die technische Leitung der Druckerei und entwickelte «ein überraschendes Geschick und ebensoviel Energie sowohl im Fabrikations- als auch im Bauwesen», heisst es im Buch «Die Jenny-Familien im Kanton Glarus». Die Jennys waren im Betrieb für die Sparten «Handweberei, Sprachenkunde und kaufmännische Geschäftsführung» zuständig. Dank der Fusion mit der Trümpy-Druckerei hatte sich der Gewinn in den ersten fünf Jahren mehr als verdreifacht. Die Firma Barth. Jenny & Cie. schwang sich zu einem der bedeutendsten Fabrik- und Handelshäuser im Kanton Glarus empor, das bis nach Skandinavien, Übersee und in die Türkei exportierte. Bartholome Jennys Sohn Kaspar schrieb 1840 über die Glarner Industrie und den Handel: «Die Inhaber der Druckereien und Färbereien beschäftigen sich grösstentheils selber mit dem Handel und Verkaufe der durch sie angefertigten Waaren. Einigen wenigen Absatz finden diese Waaren in der Schweiz selbst; der bedeutendste Theil geht nach Italien, der europäischen und asiatischen Türkei, nach Aegypten und die Barbareskenstaaten (Nordafrika), nach Süd- und Nordamerika, den spanischen, britischen und holländischen Kolonien und selbst nach Canton in China [...] Die Handelshäuser beziehen den Betrag ihrer im Ausland veräusserten Manufakturen grösstentheils in Wechsel und Papieren und beziehen auch direkt ihre Bedürfnisse in Baumwolle und Farbwaaren.» Der geschäftlichen Verbindung folgte schon bald die familiäre: Am 3. Mai 1831 heiratete Jakob Trümpy die älteste Tochter von Bartholome Jenny, Anna Maria.

Nach dem Tod des Firmengründers

Am 13. Oktober 1836 verstarb der Firmengründer und Pionier Bartholome Jenny-Becker im Alter von 66 Jahren in Ennenda. Nebst seiner erfolgreichen Tätigkeit als Unternehmer, Handelsmann und Fabrikant hatte er sich als Schulvogt und Ratsherr engagiert. Seine Nachfolger in der Firma waren sein Sohn Kaspar und sein künftiger Schwiegersohn Daniel Jenny, ebenfalls ein Verwandter. Kaspar hatte die Kantonsschule in Chur besucht und dann an einem Neuenburger Privatinstitut die Handelsmatur erlangt. Er war zweimal verheiratet und hatte einen Sohn aus erster Ehe, den er nach seinem Vater Bartholome nannte. Während seiner Tätigkeit als Fabrikant war Kaspar Jenny Glarner Appellationsrichter. Im väterlichen Geschäft arbeitete er in der Farbküche und kontrollierte die Rohtücher. Bereits nach fünf Jahren trat Kaspar Jenny 1842 jedoch aus der Firma aus, um sich ganz seiner politischen Laufbahn zu widmen. Bis zu seinem Tod war er Mitglied der Standeskommission und des Rates sowie Gemeindepräsident von Ennenda. Auf eidgenössischer Ebene setzte er sich für die Gründung des Schweizerischen Bundesstaates ein. Von 1848 bis 1857 bzw. 1859 war er Glarner Landammann sowie erster Glarner Nationalrat. Im Gegensatz zu den zwei Glarner Ständeräten stimmte er für Bern als Bundessitz. Er galt als «hinreissender, hie und da etwas überschwänglicher» Landsgemeinderedner, doch sein Patriotismus machte ihn beim Volk äusserst beliebt.

Wesentlich länger als Kaspar Jenny blieb Bartholomes Schwiegersohn Daniel Jenny im Betrieb. Er heiratete im Dezember 1836 Bartholomes jüngste Tochter Anna und leitete den kaufmännischen Bereich der Firma während 54 Jahren. Daniel absolvierte in Chur die Kantonsschule, später erhielt er in Neuenburg eine kaufmännische Ausbildung. In der Firma besorgte er in den ersten Jahren die Geschäftskorrespondenz, besuchte die Kundschaft in Italien und übernahm die Vertretung der Filiale in Lugano. Auch er war politisch aktiv: unter anderem als Mitglied des Rates und der Handelskommission. 1848 kaufte er in Ennenda die Hälfte des markanten, 1781 erbauten Doppelhauses «Zur Sonnenuhr». Nach diesem Wohnsitz erhielt Daniel Jenny fortan den Beinamen «Zur Sonnenuhr».

Die grosse Nachfrage nach gedruckten Tüchern führte zu Produktionsengpässen. Diese lagen bei den rund 400 überbeanspruchten Handwebern. Daher beschlossen die Teilhaber von Barth. Jenny & Cie., die Weberei zu mechanisieren und eine Spinnerei zu bauen. So richteten sie in Haslen im Glarner Hinterland zwecks Transmission an der Linth eine grosse mechanische Spinnerei und Weberei ein. 1847 nahmen sie die Spinnmaschinen mit 12 000 Spindeln in Betrieb. Dabei handelte es sich um Spinnstühle der Maschinenfabrik Rieter aus Winterthur, die noch von Hand gesteuert wurden (**62, 200 Jahre Rieter**). Nach 1860 erwarb man die ersten sogenannten Selfaktoren, die automatisch arbeiteten. Doch auch diese Spinnmaschinen benötigten noch Personal, etwa zum Ansetzen der Fäden sowie für die Wartung – jedoch viel weniger. In der Weberei wurden Webstühle aus der Maschinenfabrik von Caspar Honegger aus Rüti ZH installiert (**20, Caspar Honegger**). Dieser Pionier des Webmaschinenbaus hatte 1842 seiner Baumwollweberei in Siebnen im Kanton Schwyz eine mechanische Werkstätte angegliedert, um die vorhandenen Webstühle aus England zu verbessern. Er war der erste Webstuhlbauer der Schweiz. Gemäss der Publikation «Industriekultur im Kanton Glarus» hatte die Firma Barth. Jenny & Cie. als erste die Qualität der auf Honegger-Webmaschinen hergestellten Tücher erkannt und mit dieser Firma 1843 einen Exklusivvertrag abgeschlossen. Ab 1848 bestellte sie 350 Webstühle für ihre eigene Weberei in Haslen. Im Jahr zuvor hatte Honegger den technischen Betrieb nach Rüti verlegt; daraus entstand Ende des 19. Jahrhunderts die Maschinenfabrik Rüti.

Unabhängig und flexibel

Durch die Inbetriebnahme der mechanischen Spinnerei und Weberei in Haslen vollzog die Firma Barth. Jenny & Cie. den wegweisenden Schritt zum grössten «Vertikalunternehmen» in der Glarner Textilwirtschaft. Die wesentlichen Arbeitsschritte der Textiltechnik – Spinnen, Weben und Drucken – waren nun unter einem Dach vereint. Die importierte Baumwolle wurde in Haslen aufbereitet, versponnen und verwoben. Anschliessend brachte man die Rohtücher mit Fuhrwerken nach Ennenda, wo sie gedruckt und konfektioniert wurden. Der Hauptteil der Textilien gelangte über die Filiale in Lugano in den Exporthandel. Durch diese vertikale Organisation war das Unternehmen unabhängiger und konnte rascher auf Veränderungen im volatilen Markt und in der Mode reagieren. Zudem konnten so die Herstellungskosten besser unter Kontrolle gehalten werden.

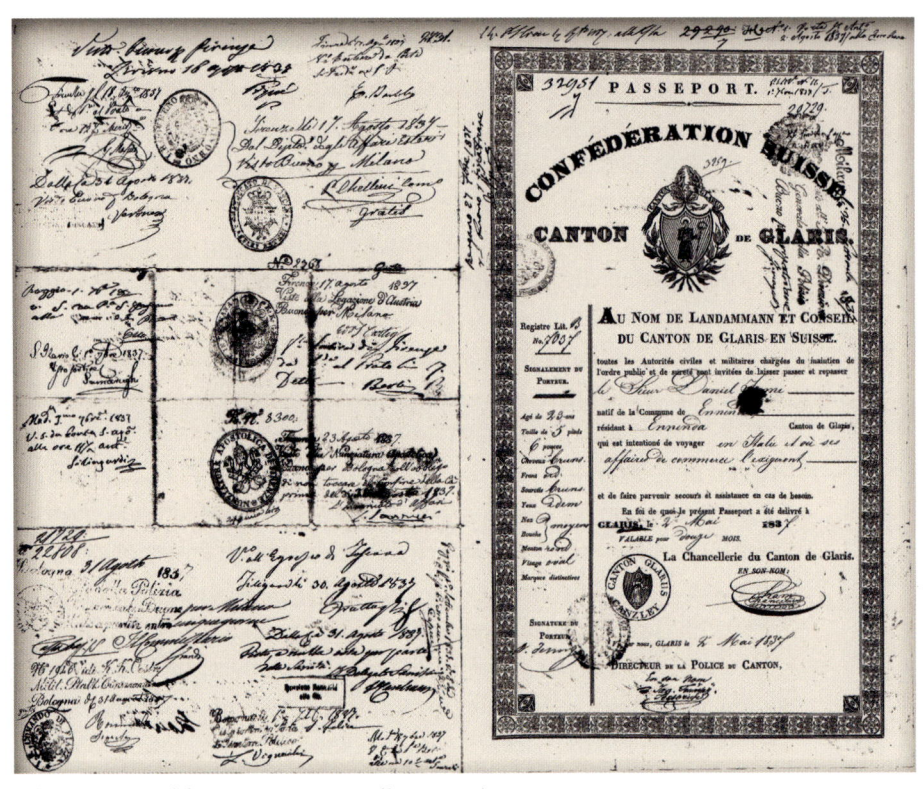

Reisepass von Daniel Jenny-Jenny, ausgestellt am 2. Mai 1837.

Jakob Trümpys Unternehmergeist

Jakob Trümpy verspürte nach der Gründung der Textildruckerei in Ennenda und als Teilhaber von Barth. Jenny & Cie. weiteren Tatendrang. Denn nun verfügte er über genügend Spielraum, seinen Unternehmergeist zu entfalten. Während sich die Jenny-Teilhaber um die kaufmännischen Belange sowie die Weberei und Spinnerei kümmerten, führte Trümpy «in der Fabrik von früh bis spät das Scepter und reihte Gebäude an Gebäude», schreibt Adolf Jenny-Trümpy in seiner Handels- und Industriegeschichte. Sein besonderes Interesse galt den sogenannten Indigogenres (weisse Muster auf blauem Hintergrund), die zu den ältesten Drucktypen gehören. Ein weiteres Genre, das er ab dem Jahr 1838 mit Hilfe eines Koloristen aus Mulhouse im grossen Stil produzieren liess, war Lapis. Diese bunten Tücher mit feinen weissen Mustern erreichten in der Beurteilung der Hersteller «elsässische Qualität» und fanden in Italien unter der Bezeichnung «roba di Bartolomeo» breiten Absatz.

Da sich ab Ende der 1840er-Jahre die «Türkenkappen» oder Yasmas, baumwollene bedruckte Kopftücher mit orientalischen Mustern, sehr gut verkauften, beschloss Jakob Trümpy, dafür eine separate Druckerei zu errichten. Gleichwohl war die Konkurrenz im Stoffdruck hoch, vor allem durch die ebenfalls in Ennenda ansässige grosse Fabrik «Jenny & Cie.» So beklagte sich Barth. Jenny & Cie. in einem Brief an ihre Filiale in Lugano im Jahre 1843 wie folgt: «Ein neuer Beweis wie unsere Nachbarn J & C die Preise drücken, hatten wir heüte wieder [...] Wenn diese Herren sogar gegen einen unbedeütenden Krämer so weit sich herablassen & vom Preise weichen, so kann mann sich vorstellen, was sie gegen grosse Abnehmer tun.» Weil in Ennenda für eine neue Fabrik kein Wasserrecht mehr verfügbar war, entschied sich Jakob Trümpy für den Standort Mitlödi südlich von Ennenda. Unter dem Namen «Trümpy & Jenny» nahm die neue Firma dort in den Jahren 1856/57 den Betrieb auf. Das Unternehmen entwickelte sich rasch, beschäftigte rund 350 Mitarbeiter und eröffnete bereits 1858 Filialen in Konstantinopel und Smyrna (das heutige Izmir in der Türkei), mit welchen auch die Firma Barth. Jenny & Cie. in Kontakt stand.

Grösster Arbeitgeber im Kanton

Mit ihren Fabriken in Ennenda und Haslen war die Firma Barth. Jenny & Cie. die grösste Arbeitgeberin im Kanton. In den Jahren 1864/65, als sich die Glarner Textildruckerei auf ihrem Höhepunkt befand, beschäftigte die Firma laut der offiziellen Industriestatistik des Kantons insgesamt 930 Personen. Davon arbeiteten 450 Personen in der Druckerei an 300 Drucktischen sowie an acht Druckmaschinen. In Haslen arbeiteten insgesamt 480 Personen. Die Spinnerei zählte 23 000 Spindeln, und in der Weberei standen 534 Webstühle. Im Jahr 1869 erzielte das Unternehmen einen Produktionsrekord von rund 7 500 000 bedruckten Tüchern. Dafür erhielt es an der Weltausstellung von 1867 in Paris für seine Foulards und Mouchoirs die Silbermedaille.

In puncto Arbeiterschutz nahm der Kanton Glarus eine Vorreiterrolle ein. Bereits 1848 regelte ein Gesetz die Arbeitszeit in den Spinnereien und verbot den Einsatz von Kindern unter 13 Jahren. Eine weitere Pionierleistung war das Fabrikgesetz von 1864, das von der Landsgemeinde beschlossene «Gesetz über die Fabrikpolizei». Dieses verbot die Nachtarbeit für alle Beschäftigten und beschränkte die Arbeitszeit auf zwölf Stunden, erstmals auch für Männer. Noch vor der Einführung dieses Gesetzes reduzierte Barth. Jenny & Cie. die generelle Arbeitszeit in Haslen bereits von sich aus auf zwölf Stunden. Das Fabrikgesetz schützte zudem Schwangere sowie Wöchnerinnen. Später, im Jahre 1872, wurde die Arbeitszeit im Kanton auf elf Stunden pro Tag reduziert.

STAMMBAUM DER FAMILIE JENNY VON ENNENDA

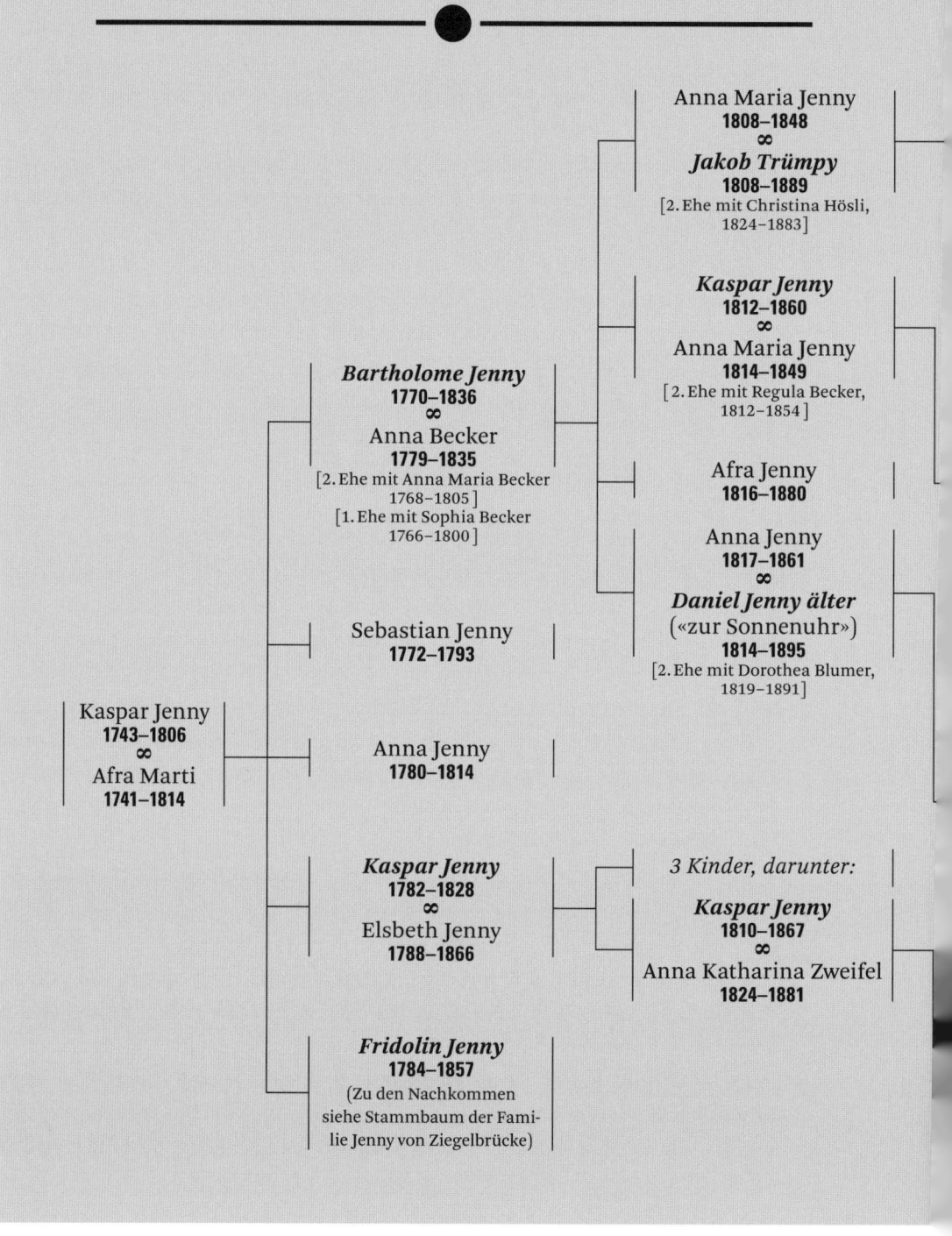

Kaspar Jenny
1743–1806
∞
Afra Marti
1741–1814

- **Bartholome Jenny**
  1770–1836
  ∞
  Anna Becker
  1779–1835
  [2. Ehe mit Anna Maria Becker
  1768–1805]
  [1. Ehe mit Sophia Becker
  1766–1800]

  - Anna Maria Jenny
    1808–1848
    ∞
    Jakob Trümpy
    1808–1889
    [2. Ehe mit Christina Hösli,
    1824–1883]

  - *Kaspar Jenny*
    1812–1860
    ∞
    Anna Maria Jenny
    1814–1849
    [2. Ehe mit Regula Becker,
    1812–1854]

  - Afra Jenny
    1816–1880

  - Anna Jenny
    1817–1861
    ∞
    Daniel Jenny älter
    («zur Sonnenuhr»)
    1814–1895
    [2. Ehe mit Dorothea Blumer,
    1819–1891]

- Sebastian Jenny
  1772–1793

- Anna Jenny
  1780–1814

- *Kaspar Jenny*
  1782–1828
  ∞
  Elsbeth Jenny
  1788–1866

  - 3 Kinder, darunter:
    Kaspar Jenny
    1810–1867
    ∞
    Anna Katharina Zweifel
    1824–1881

- *Fridolin Jenny*
  1784–1857
  (Zu den Nachkommen
  siehe Stammbaum der Familie Jenny von Ziegelbrücke)

10 Kinder, darunter:

Jakob Trümpy-Blumer
1838–1890

Fritz Trümpy-Kuhn
1842–1919

Elsbeth Jenny-Trümpy
1850–1925
∞
Bartholome Jenny
1844–1916

Heinrich Trümpy-Aebli
1857–1913

Ida Jenny-Trümpy
1861–1919
∞
Adolf Jenny
1855–1941

Bartholome Jenny
1834–1867
∞
Elsbeth Becker
1840–1909

11 Kinder, darunter:

Fritz Jenny-Staub
1838–1925

Bartholome Jenny
1844–1916
∞
Elsbeth Jenny-Trümpy
1850–1925

Jakob Jenny-Studer
1845–1911

Daniel Jenny-Jenny
1849–1909

Adolf Jenny
1855–1941
∞
Ida Jenny-Trümpy
1861–1919

3 Kinder, darunter:

Kaspar Jenny
1846–1890

Christina Jenny
1883–1894

Daniel Jenny
1886–1970
∞
Anna Barbara Squeder
1887–1977

(Bartholome) Guido Jenny
1895–1980
∞
Margaritha Staub
1899–1995

Ruth Kobelt-Jenny
geb. 1944

4 Kinder, darunter:

Daniel Jenny
1917–2007
∞
Lina Ruth Wipf
1916–2003

Der weitverzweigte Stammbaum der Familie Jenny kann bei der Autorin eingesehen werden.

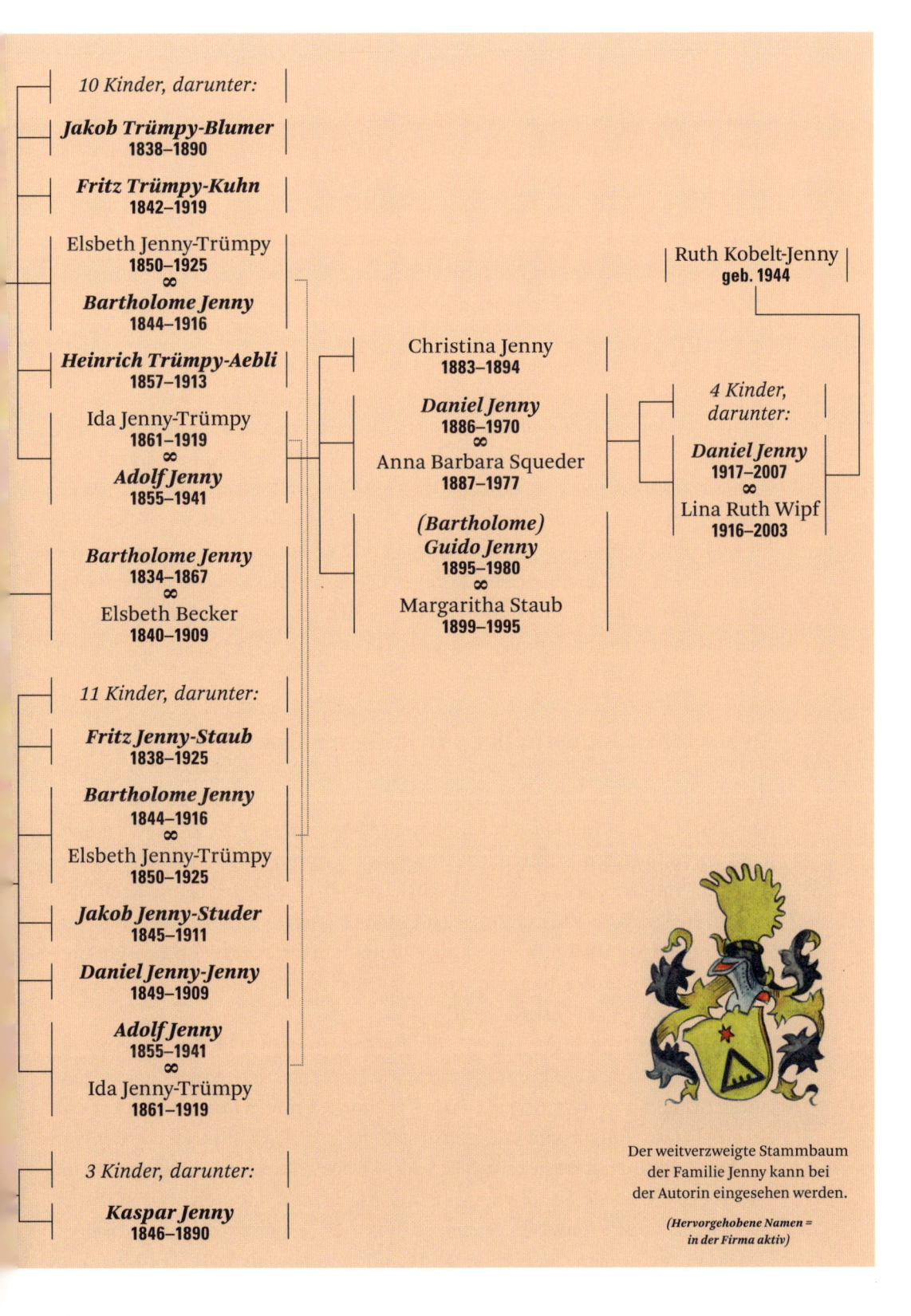

(Hervorgehobene Namen = in der Firma aktiv)

Der an der Landsgemeinde beschlossene Arbeitsvertrag hatte eine Signalwirkung weit über die Kantonsgrenzen hinaus. So orientierte sich das im Jahre 1877 beschlossene eidgenössische Fabrikgesetz weitgehend am Glarner Vorbild. Als weitere soziale Pionierleistung eröffnete die Firma Barth. Jenny & Cie. im Jahre 1860 eine eigene Betriebskrankenkasse, die als erste im Kanton auch Frauen aufnahm. Den Grundstock dafür bildete ein Legat des 1856 verstorbenen «grossen Fridli». In Ennenda hingegen regte sein Sohn Daniel Jenny 1867 die Gründung einer «Weiblichen Krankenkasse von Ennenda und Ennetbühls» an, da den Frauen die Aufnahme in die Dorf- sowie in die Fabrikkrankenkasse bisher verwehrt gewesen war.

Die Bemühungen um das Fabrikgesetz von 1864 veranlassten die Glarner Fabrikanten, sich als Arbeitgeber enger zu organisieren, um über das Vorgehen bei Börsenangelegenheiten, bei Handelsverträgen und der Gesetzgebung zu befinden. Die «Glarner Börse» spielte für die Wirtschaft im Kanton fortan eine wichtige Rolle. Seit 1864 trafen sich die Mitglieder des Börsenvereins, respektive Handels- und Industrievereins (ab 1942 Glarner Handelskammer), wöchentlich im Hotel Glarnerhof. Jeden Mittwochnachmittag versammelten sich dort die Leiter der Glarner Textilbetriebe, Zürcher Tücherhändler sowie Baumwollagenten von Zürich und Winterthur. Letztere besuchten jeweils am Vormittag die Unternehmen persönlich und boten diesen Baumwolle von amerikanischen und ägyptischen Firmen zum Kauf an.

Angesehener Industrieller und ehrbarer Wohltäter

Mit 66 Jahren trat der Druckereigründer Jakob Trümpy 1874 aus dem Unternehmen Barth. Jenny & Cie. zurück, fünf Jahre später verliess er die Firma Trümpy & Jenny in Mitlödi. Am 14. August 1889 verstarb Trümpy im Alter von 81 Jahren an einem Herzversagen. Er war bei Barth. Jenny & Cie. die treibende Kraft und machte die Firma zu einem führenden Unternehmen im Kanton. Aus einfachen Verhältnissen kommend, hatte er sich «durch ausserordentliche Energie und Ausdauer zu einem hochangesehenen und reichbegüterten Industriellen aufgeschwungen», hiess es im Nachruf.

Sechs Jahre nach Jakob Trümpys Tod verstarb auch Daniel Jenny im Alter von ebenfalls 81 Jahren. Er führte die Firma Barth. Jenny & Cie. als langjähriger Direktor und Associé der Firma Trümpy & Jenny in Mitlödi. Auch er war ein geschätzter Bürger und engagierte sich in der Lokalpolitik. In der Gemeinnützigen Gesellschaft setzte er sich für «verwahrloste» Kinder ein und opponierte 1884 gegen die Wiedereinführung der Todesstrafe im Kanton. Im letzten Drittel des 19. Jahrhunderts nahmen Vertreter der dritten Generation des Jenny-Zweiges, respektive der zweiten Generation der Familie Trümpy, als Teilhaber Einsitz in

Mouchoir als textiles Flugblatt: Preussisch-deutsche Porträtgalerie, um 1870 (links), Tricolore-Muster mit Carlo Alberto, König von Piemont und Sardinien (rechts).

die Firma Barth. Jenny & Cie. Dort bekleideten sie leitende Funktionen im kaufmännischen, technischen, administrativen und personellen Bereich. Um die Jahrhundertwende traten mehrere Enkel des Firmengründers Bartholome aus dem Unternehmen aus. Darunter befand sich der letzte Träger seines Vornamens: Bartholome Jenny-Trümpy, ein Schwiegersohn des Druckereigründers Jakob Trümpy. Der letzte Bartholome leitete über Jahre die Spinnerei und Weberei in Haslen. Im Militär bekleidete er den Rang eines Hauptmanns. Im Jahr 1902 wurde der Firmenname in Daniel Jenny & Cie. geändert.

Ein weiterer Schwiegersohn von Jakob Trümpy und Firmenteilhaber war Adolf Jenny-Trümpy. Er trat im Alter von 22 Jahren ins Familienunternehmen ein. Dort war er mit seinem Bruder Jakob für den technisch-koloristischen Teil der Baumwolldruckerei zuständig. Adolf Jenny-Trümpy besuchte die höhere Stadtschule in Glarus und das Gymnasium in Winterthur. Anschliessend studierte er an der Eidgenössischen Polytechnischen Schule (der heutigen ETH) in Zürich und absolvierte eine praktische Ausbildung in einer Tuchdruckerei in Mulhouse. Nebst seiner Arbeit im Betrieb engagierte sich Adolf Jenny in der Schulbehörde und im Hilfsverein von Ennenda bei Einrichtungen für Kinder (Kinderkrippe, Bibliothek). Desweiteren war er aktiv in der Gemeinnützigen Gesellschaft im Kanton und im Historischen Verein. Für sein über 800-seitiges Grundlagenwerk «Handel und Industrie des Kantons Glarus» von 1899/1902 erhielt Adolf Jenny den Ehrendoktortitel der Universität Zürich. Als profunder Kenner und Anwender der Zeugdrucktechnik sammelte Adolf Jenny Druckmuster aus der eigenen Fabrik sowie anderen Betrieben und beschrieb eingehend das

a | Druckerei von Barth.
Jenny & Cie., um 1900.
b | Mitarbeiterinnen im
Handdrucksaal, 1904.
c | Musterbuch für
Baumwolldrucke aus
dem Comptoir Daniel
Jenny & Cie., letztes
Drittel 19. Jahrhundert.

dafür angewendete Druckverfahren. Die einzigartige, in mehreren Exemplaren erhaltene Sammlung umfasst mehr als zwanzig Bände.

Wie in anderen Glarner Fabrikantenfamilien sorgten sich auch die Mitglieder der Familie Jenny um das Wohl ihrer Mitbürger und waren in verschiedenen Institutionen ehrenamtlich tätig. Das galt nicht nur für die Männer, sondern auch für die Frauen der Familie. So leitete beispielsweise Amalia, die Ehefrau von Teilhaber Jakob Jenny-Studer, den Gemeinnützigen Frauenverein der Stadt Glarus. Dieser war gegründet worden, um nach der Brandkatastrophe von Glarus bedürftigen und kranken Personen rasch und unbürokratisch zu helfen. Auch am Projekt einer Kinderkrippe in Glarus wirkte Amalia tatkräftig mit; die nach dem Ersten Weltkrieg verwirklichte Krippe befindet sich noch heute am gleichen Standort. Der familiären Tradition folgend, wirkte auch Amalias Tochter Amalia-Henrietta auf nationaler Ebene weiter, sie leitete als Zentralpräsidentin den Schweizerischen Gemeinnützigen Frauenverein von 1940 bis zum Jahr 1952.

Niedergang des Stoffdrucks

Die Jahrhundertwende brachte vielfältige Veränderungen mit sich, die sich auch auf das Unternehmen Barth. Jenny & Cie. auswirkten. Nach der Blütezeit der 1860er-Jahre geriet der Stoffdruck im Glarnerland in eine dauerhafte Krise. Mit dem Aufkommen von synthetisch hergestellten Farbstoffen vereinfachten sich die Druckprozesse, und die Glarner konnten so ihre Expertise und Erfahrung im Umgang mit natürlichen Farbstoffen nicht länger ausspielen. Zudem wurde der traditionelle glarnerische Handdruck durch den effizienteren Rouleaumaschinendruck bedrängt. Dazu kamen widrige politische Einflüsse von aussen, begannen doch viele europäische Länder, ihre Märkte mit Schutzzöllen abzuschirmen. Auch Kriege in Europa und Amerika sowie Unruhen auf wichtigen angestammten Märkten wie Österreich-Ungarn, dem Balkan und dem Osmanischen Reich beeinflussten den Geschäftsgang. So wurde es immer schwieriger, die begehrten bunten Glarner Druckerzeugnisse wie die «Türkenkappen» oder Mouchoirs weiterhin in diese Länder zu exportieren. Nebst Produktionsumstellungen waren im Glarnerland weiterhum Betriebsschliessungen die Folge, so auch bei der Firma Barth. Jenny & Cie.

Nach der Umbenennung der Firma leiteten fünf Teilhaber das Unternehmen, mit Daniel Jenny-Jenny an der Spitze. Der wohl schwerste Entscheid seines Lebens war die Schliessung der traditionsreichen Druckerei in Ennenda im September 1906. Daniel Jenny begründete diesen Schritt in einem Zirkular der Firma vom 18. August mit folgenden Worten: «Nachdem seit einer Reihe von Jahren infolge der hohen Zölle und der ungünstigen Preisverhältnisse der Konsum unserer Fabrikate in den europäischen Absatzgebieten in fortwährender Abnahme begriffen ist, so dass der Betrieb unserer Druckerei nur mit tatsächlichen Opfern erhalten werden konnte, sehen wir uns in die Notwendigkeit versetzt, denselben auf Mitte September einzustellen.» Zur Deckung des Verdienstausfalls der entlassenen Arbeiter sowie von Invaliden stellte Daniel Jenny eine Summe von 32 000 Franken bereit. Ein Arbeiter im mittleren Alter erhielt so schätzungsweise einen Monatslohn ausbezahlt. Mit der Stilllegung der Druckerei stand das Unternehmen nicht allein da: Gab es 1868/69 im Glarnerland noch 22 Druckereibetriebe, so waren es um 1910 nur noch 10.

Zurück zu den Anfängen

Die Druckerei in Mitlödi (ab 1893 Trümpy, Schaeppi & Cie.) spezialisierte sich alsdann auf den Seidendruck von Foulards. So konnte sie sich bis ins Jahr 1935 im Markt behaupten. Später richtete sich auf dem Areal die Seidendruckerei Mitlödi AG ein. Diese Firma bedruckte mit einer neuen Technik Stoffe per Schablonendruck. Später kamen der Siebdruck für Plakate und Reklame sowie die Fabrikation von Polyester-Bauelementen dazu. Ab den 1990er-Jahren kehrte die Firma wieder zu den Anfängen ihrer Produktion zurück. Heute ist die 2003 umbenannte «Mitlödi Textildruck AG» die einzige noch produzierende Textildruckerei im Kanton. Während der Absatz des bisher dominierenden Stoffdrucks kontinuierlich zurückging, blieb der Spinnerei- und Webereisektor stabil, ja legte erstaunlicherweise sogar zu. Rohtücher waren im Inland nach wie vor gefragt. Es war einfacher, sie in der Schweiz abzusetzen, als bedruckte Tücher zu exportieren, zumal der Binnenmarkt durch einen eidgenössischen Schutzzolltarif geschützt war. Zur Produktionssteigerung trugen fortan auch die bessere Nutzung der Wasserkraft sowie die zunehmende Elektrifizierung der Anlagen bei.

Um den Verlust aus der Schliessung der Druckerei zu kompensieren, eröffnete Daniel Jenny & Cie. im Jahre 1908 in Ennenda einen neuen Spinnerei- und Webereibetrieb. Gleichzeitig ergänzte sie den bestehenden Betrieb in Haslen. Erhebliche Mittel wurden in den Kauf moderner Ring-Spinnmaschinen von Rieter sowie von rund 200 Webmaschinen der Maschinenfabrik Rüti investiert. Diese Maschinen blieben fast unverändert bis 1975 in Betrieb. Die Zeit des Ersten Weltkrieges sowie die Weltwirtschaftskrise überstand die Firma Daniel Jenny & Cie. verhältnismässig gut. Der Bedarf nach Stoffen und Verbandsmaterial war sowohl im Inland als auch in den kriegsführenden Staaten gross. Einerseits fiel die Konkurrenz während der Kriegsjahre weitgehend aus, andererseits waren Lieferengpässe bei der Einfuhr der Baumwolle zu überwinden. In den 1920er- und 1930er-Jahren verlegte sich die Firma hauptsächlich auf die Verarbeitung mittelschweren Calicot-Gewebes aus amerikanischer und ägyptischer Baumwolle.

Druckerei-Personal von Barth. Jenny & Cie., 1900.

Ende der 1930er-Jahre ging die Firma Daniel Jenny & Cie. in den Besitz von Daniel Jenny-Squeder und seinem Bruder (Bartholome) Guido Jenny-Staub (1895–1980) über. Daniel Jenny-Squeder übernahm neben seinen betrieblichen Verpflichtungen noch ein Mandat im Verwaltungsrat der (zweiten) Eidgenössischen Darlehenskasse. Diese Bank stellte bis 1955 Banken und Firmen bei Geldknappheit Betriebskapital zur Verfügung. Auch im Verbandsleben spielte Daniel Jenny-Squeder eine wichtige Rolle: In den 1960er-Jahren präsidierte er den Verband der Arbeitgeber der Textilindustrie (VATI), den späteren Textilverband Schweiz. Als Unternehmer und Präsident der Glarner Handelskammer setzte er sich als Landrat für eine massvolle liberale Wirtschaftspolitik ein.

Baumwollmangel und Preiszerfall

Im Jahre 1943 trat der 1917 geborene Daniel Jenny, der mittlere Sohn von Daniel Jenny-Squeder, in die Firma ein. Er hatte in Winterthur das Gymnasium besucht und anschliessend an der ETH ein Ingenieurstudium absolviert. 1942 hatte er die

Winterthurerin Lina Ruth Wipf (1916–2003) geheiratet; zwei Jahre später kam Tochter Ruth zur Welt. Schon während seines Studiums beschäftigte sich Daniel Jenny-Wipf mit Fragen der Textilfabrikation. So untersuchte er in seiner Diplomarbeit von 1942, wie man Zellwolle (Viskosefasern) auf Baumwollspinnmaschinen verarbeiten könne. Diese Frage spielte im Zusammenhang mit den kriegsbedingten Lieferengpässen von Baumwolle eine wichtige Rolle. Ab 1962 übernahm Daniel Jenny von seinem Vater und seinem Onkel die alleinige Firmenleitung, ab 1969 unterstützte ihn sein Schwiegersohn Jakob Kobelt-Jenny.

Nach dem Zweiten Weltkrieg nahm die Baumwollindustrie vorübergehend einen starken Aufschwung, denn die Nachfrage nach Textilien aus Baumwolle war überall gross. Davon profitierte auch die Firma Daniel Jenny & Cie., in den Jahren 1950/51 erzielte sie ein Spitzenergebnis. Doch der Boom hielt nicht lange an. In den 1960er-Jahren brachen die Preise für Textilien wegen der Billigeinfuhren aus dem asiatischen Raum buchstäblich ein. Diese Entwicklung zwang Daniel Jenny, die Spinnerei und Weberei in Ennenda stillzulegen. Doch am Betrieb in Haslen hielt er fest; hier erneuerte er laufend Maschinen sowie die Infrastruktur. Überdies führte er zur Steigerung der Produktion den Schichtbetrieb ein. Wie ihn die lokale Zeitung «Fridolin» beschrieb, war Daniel Jenny «ein Fabrikant im guten, alten Sinne, der im Dorf und mit dem Dorf lebte». Seine Verbundenheit mit Ennenda zeigte er durch seine Mitarbeit im Schulrat und in der Cosmus Jenny-Stiftung, welche die Ausbildung von Jugendlichen aus Ennenda oder aus Ennetbühl unterstützt. Ausserdem präsidierte er die 1858 gegründete Casino-Gesellschaft, des Weiteren engagierte er sich im Historischen Verein sowie im Vorstand der Naturforschenden Gesellschaft. Für dieses Engagement und seine Verdienste verlieh die Gemeinde Haslen sowohl ihm als auch seiner Ehefrau 1985 das Ehrenbürgerrecht.

Die sechste Generation übernimmt

Nach der Stilllegung der Spinnerei und Weberei in Ennenda übernahm Jakob Kobelt-Jenny als Vertreter der nunmehr sechsten Generation und ab 1979 als neuer Teilhaber die technische Betriebsleitung in Haslen. Der Ein- und Verkauf verblieb weiterhin bei seinem Schwiegervater Daniel Jenny-Wipf. Als neuen Produktionszweig führte die Firma in den 1980er-Jahren die Konfektionierung von Stoffwindeln ein. Das Garn dazu bezog sie aus der eigenen Spinnerei in Haslen. Ein wichtiger Abnehmer war die St. Galler Konfektionsfirma Max Tuchschmid AG, die 1988 als Tochtergesellschaft ins Unternehmen integriert wurde. Um die Produktion von Stoffwindeln und weiteren Produkten zu steigern, setzte die Firma im Jahre 1989 die ersten Greifer-Webmaschinen ein. Diese Maschinen funktionierten ohne die bisher eingesetzten sogenannten Schiffchen oder Schützen. Damit konnten neue Produkte, wie z. B. Baumwollgewebe für die Isolation von Kupferkabeln, hergestellt werden.

Mit den Söhnen von Ruth und Jakob Kobelt-Jenny trat in den 1990er-Jahren die siebte Generation ins Unternehmen ein: Jakob Kobelt jun. (geb. 1965) arbeitete seit 1990 im Betrieb, sieben Jahre später übernahm er als dritter Teilhaber die operative Leitung. 1999 kam Daniel Kobelt (geb. 1974) dazu, er wurde fünf Jahre später Associé und technischer Betriebsleiter.

Seit dem Jahr 2000 konzentriert sich die Firma Daniel Jenny & Cie. auf die Herstellung von hochwertigen Heimtextilien wie Bett- und Tischwäschestoffe und Baumwollmoltons. Die Produkte werden von der Firma Burg Textil AG in Aarburg (heute eine Tochtergesellschaft von Daniel Jenny & Cie.) konfektioniert. Die Vermarktung der anderen Produktlinie, Feingewebe für Bekleidung, übernahm die St. Galler Handelsfirma Ernst Brunner AG; auch sie wurde 2001 als Tochtergesellschaft in die Firma integriert.

Vom Handwebstuhl zur Hightech-Maschine

Nach der Aufgabe der Spinnerei in Haslen konzentrierte sich die Firma Daniel Jenny & Cie. voll und ganz auf die Weberei, mit ihren zwei Tochtergesellschaften beschäftigte sie insgesamt 75 Personen. Im Jahr 2008 eröffnete das Unternehmen in Haslen ein neues Vorwerk mit Schlichterei. Dieses Werk ist in einer Halle von 90 Metern Länge und einer Höhe von acht Metern untergebracht. Die Einrichtung kann auch von anderen Glarner Webereien wie der Weseta AG in Engi mitbenutzt werden.

Diese Konzentration auf die Weberei und die Konfektionierung von Qualitätsprodukten kommentierte der Patron Daniel Jenny-Wipf 2007 – zwei Monate vor seinem Tod – mit folgenden Worten: «Somit sind wir nach 200 Jahren faktisch wieder dort angelangt, wo wir einst begonnen hatten, nämlich beim Verweben von Garn, damals auf dem Handwebstuhl und heute auf Hightechwebmaschinen, zur Herstellung von Qualitätsprodukten.» Auf diesen hochmodernen Maschinen werden modische Bett- und Tischwäsche, Dekorationsstoffe, Bekleidung, Matratzenschoner und Stoffwindeln hergestellt. Die Produkte werden im In- und Ausland, bei Direktverbrauchern, Industrie, Ausrüstern und Händlern verkauft. Im Jahr 2012 nahm das Unternehmen das erneuerte Wasserkraftwerk in Haslen in Betrieb. Dank der neuen Kaplan-Turbine, deren Schaufeln verstellbar sind, produziert das Kraftwerk pro Jahr mit 5,8 Gigawattstunden Energie genug Strom für rund 1450 Haushalte. Die in der Zentrale installierte Francis-Turbine von Escher Wyss aus dem Jahre 1904 wurde stillgelegt, bleibt aber als erfreuliches Zeugnis für die Leistungen und Qualität der schweizerischen Maschinenindustrie erhalten.

a | Die heutige Weberei von Daniel Jenny & Cie. in Haslen.
b | Treffen der kantonalen Ackerbaufachstelle mit den Fabrikanten, 1943, vierter von rechts: Daniel Jenny-Wipf.
c | Glarner Industriepflanzwerk während des Zweiten Weltkriegs, Verteilung von Kartoffeln, 1943.
d | Weberei mit Daniel Jenny-Wipf, 1960er-Jahre.

c

d

Neues Leben in Ennenda

Am ursprünglichen Standort der Firma in Ennenda haben sich heute diverse Gewerbebetriebe angesiedelt. Im ehemaligen Fabrikgebäude kann man im 2001 eröffneten Fabrikladen Produkte der Daniel Jenny & Cie. kaufen. Im ersten Stock befindet sich das Comptoir, das während 120 Jahren der Geschäftsleitung und Buchhaltung als Büro diente. Dort baute Daniel Jenny-Wipf während 20 Jahren das Firmen- und Familienarchiv auf. Bis zu seinem Lebensende 2007 führte er Besucher durch die weitgehend im Originalzustand belassenen Räume und erklärte ihnen die Funktion und Bedeutung. Seine Tochter, Ruth Kobelt-Jenny, führt sein Engagement weiter. Als Musikerin, Sängerin und Malerin organisiert sie im Comptoir Ausstellungen, Besichtigungen und Konzerte. Zudem publiziert sie mit ihrem Cousin, dem Ingenieur Reto Daniel Jenny (geb. 1955), die Comptoirblätter, in denen die Geschichte des Unternehmens dargestellt wird.

Auf dem Areal der Firma wird weiterhin gearbeitet: Im ehemaligen Pferdestall betrieb die Gemeinde Ennenda einige Jahre ihren Werkhof. Und im ehemaligen Spinnerei- und Webereigebäude hat die 1953 gegründete Metallwarenfabrik Hans Eberle AG ihre Produktionsstätte eingerichtet.

Der vom renommierten Glarner Architekten Hilarius Knobel geplante, im Jahr 1865 zum Trocknen von Baumwolltüchern errichtete Hänggiturm zog von 1994 bis 2005 als Museum für Ingenieurkunst Scharen von Architekturfans und Bauingenieuren aus der ganzen Schweiz an. In dem Gebäude, in welchem früher Druckmodel hergestellt wurden, sind heute moderne Loftwohnungen untergebracht. So lebt auf dem Areal der Firma Daniel Jenny & Cie. der Geist der Textilpioniere weiter.

Daniel Jenny-Wipf bei einer Führung durch das authentisch erhaltene Comptoir.

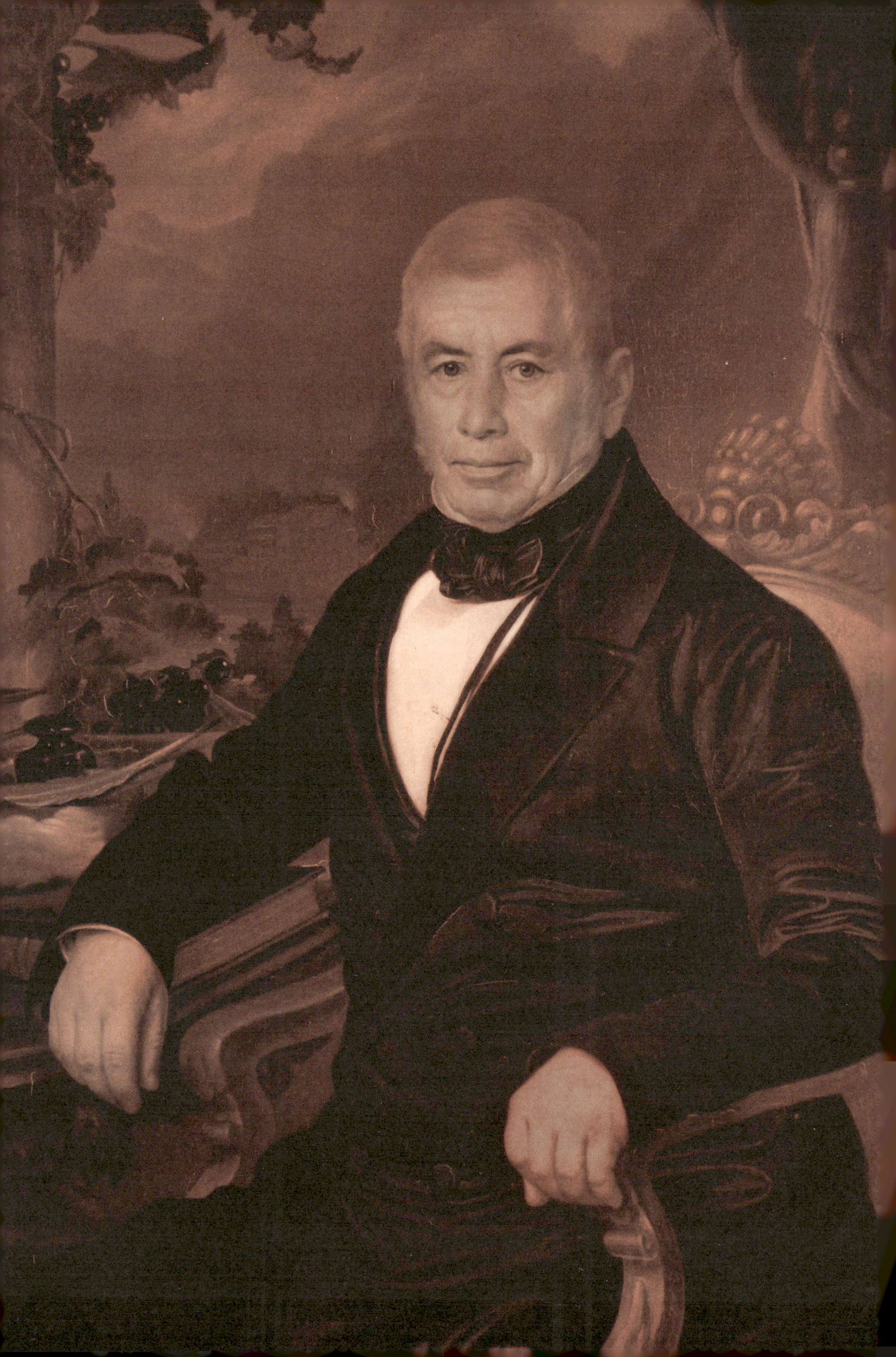

FRITZ + CASPAR JENNY IN ZIEGELBRÜCKE III

Fridolin Jenny-Heer
(1784–1857)

Südlich des Bahnhofs Ziegelbrücke befindet sich ein weitläufiges Gebiet mit Fabrikbauten, Kosthäusern, Fabrikantenvillen, Verwaltungsgebäuden, Parkanlagen und Kanälen. Die Gebäude gehören zum einst grössten und integriertesten Textilunternehmen des Kantons Glarus, der heutigen «Fritz + Caspar Jenny AG». Die Anlage in Ziegelbrücke gilt als eines der interessantesten Industrieareale im Glarnerland. Das Inventar schützenswerter Ortsbilder der Schweiz (ISOS) bewertet Ziegelbrücke als ein Ortsbild von nationaler Bedeutung. Die ehemalige Industriesiedlung Ziegelbrücke zwischen Linthkanal, Bahngeleisen und Autobahn befindet sich auf dem Boden des Dorfes Niederurnen in der Gemeinde Glarus Nord. Der bekannte Eisenbahnknotenpunkt hingegen steht auf St. Galler Boden. Die Anfänge dieser Industriesiedlung gehen in die erste Hälfte des 19. Jahrhunderts zurück. 1834 hatte Fridolin Jenny dort eine Spinnerei errichtet, die bald über die Landesgrenzen hinaus Bedeutung erlangen sollte.

Kindheit in der Fabrik

Der Gründer des Unternehmens, Fridolin Jenny, kam am 15. September 1784 im glarnerischen Ennenda auf die Welt. Mit seinen Brüdern Bartholome (1770–1836) und Kaspar (1782–1828) wuchs er in einer einfachen reformierten Familie auf; sein Vater Kaspar (1743–1806) arbeitete als Postbote und Holzfäller. Fridolin musste jeweils den Vater beim Austragen der Briefe unterstützen. Die Adressen der grossen Handelsleute im Dorf inspirierten den aufgeweckten und tüchtigen Buben, selbst einmal Handelsmann zu werden. Nach einigen Jahren Schulbesuch arbeitete Fridolin Jenny in der kleinen Blaufärberei «auf dem Hohlenstein» in Glarus als Hilfskraft. Zuhause musste er zudem beim Handspinnen mithelfen. Doch dann bot sich für Fridolin die Chance eines beruflichen Aufstiegs in der sich stürmisch entwickelnden Glarner Textilwirtschaft: Sein 14 Jahre älterer Bruder Bartholome engagierte sich unternehmerisch. Gemeinsam mit dem 26-jährigen Kaspar und dem erst 24 Jahre alten Fridolin gründete er 1808 das Handwebereigeschäft Barth. Jenny & Cie., wie im vorhergehenden Kapitel beschrieben. Die Jenny-Brüder organisierten die Handweberei und handelten mit den hergestellten Tüchern.

1810 vermählte sich Fridolin Jenny mit einer Frau aus der Glarner Oberschicht, der Fabrikantentochter Anna Margaretha Heer (1790–1863). Ihr Vater Rudolf (1758–1835) gilt als Mitbegründer der glarnerischen Handweberei zum Ende des 18. Jahrhunderts. Er betrieb in Riedern, einem zu Glarus gehörenden Weiler, ein Handwebereigeschäft. Seine Produkte setzte er im toggenburgischen Lichtensteig und in St. Gallen ab, ausserdem unterhielt er Handelskontakte mit Augsburg. Diese Verbindung erwies sich für Fridolin Jenny aus geschäftlicher Perspektive sicherlich als interessant.

Flugaufnahme des Areals Fritz + Caspar Jenny in Ziegelbrücke, 2013.

Getrennte Wege

Die Zusammenarbeit der drei Jenny-Brüder Bartholome, Kaspar und Fridolin funktionierte während rund 20 Jahren recht gut. Fridolin lernte Italienisch, das half dem Unternehmen, die Rohtücher nicht nur im Glarnerland und im St. Gallischen, sondern auch in Italien abzusetzen. Die gewobenen Tücher liess die Firma Barth. Jenny & Cie. im Glarnerland bedrucken und exportierte sie dann via Lugano und Bozen ins südliche Nachbarland. Dies war für Fridolin mit einer intensiven Reisetätigkeit verbunden.

Mit Bartholomes Absicht, dem florierenden Handweberei- und Handelsunternehmen eine Baumwolldruckerei anzugliedern, war Fridolin Jenny nicht mehr einverstanden. Er hielt es für sinnvoller, Mittel in den Bau einer mechanischen Spinnerei zu investieren. Ausserdem wurden dem Ehepaar Jenny die häufigen Reisen nach Italien zu anstrengend. Hinzu kam, dass Fridolin, mittlerweile selbst im mittleren Alter, die Rolle eines Juniorpartners gegenüber seinem viel älteren Bruder Bartholome nicht mehr behagte. So trat Fridolin Jenny 1827 aus der Firma Barth. Jenny & Cie. aus. 1828 gründete er im Kantonshauptort Glarus ein Handweberei-Konkurrenzgeschäft unter dem Namen «Fr. de Caspar Jenny». Wie seine Brüder verkaufte Fridolin Jenny Rohtücher an Glarner Druckereien und auf Tüchermärkten in St. Gallen. Dabei arbeitete er mit den angesehenen Handelshäusern Gonzenbach in St. Gallen und Wetter in Herisau eng zusammen. Um seine Position auf dem italienischen Markt abzusichern, ging Fridolin Jenny in Lugano eine Geschäftsbeziehung mit David Enderlin aus dem Handelshaus «L. & J. Enderlin» ein.

Vom «Spin-Off» zur Spinnerei

Nachdem Fridolin Jenny mit seiner Firma sozusagen einen «Spin-Off» beziehungsweise einen Ableger des brüderlichen Handwebereigeschäftes gegründet hatte, nahm er seinen eigentlichen Plan in Angriff, eine mechanische Baumwollspinnerei einzurichten. Der Textilhandel allein genügte seinem Unternehmergeist nicht mehr. Während die Zahl der Stoffdruckereien als Abnehmerinnen von Baumwolltüchern zugenommen hatte, waren die Baumwollspinnereien im Glarnerland noch schwach vertreten.

Für sein Vorhaben konnte Fridolin Jenny seinen Geschäftspartner David Enderlin als Mitinvestor gewinnen. Ein Standort für die neue Fabrik war bald gefunden. Jenny entschied sich für das Gebiet Ziegelbrücke, südlich des Linthkanals in der damaligen Gemeinde Niederurnen gelegen. Am 17. Februar 1833 unterschrieb er den Kaufvertrag mit der Gemeinde Niederurnen zur Abtretung von Boden und Wasserrecht. Bereits im Herbst des folgenden Jahres nahm seine Spinnerei den Betrieb auf, mit rund 15 000 Spindeln. Die Spinnmaschinen bezog er von den Maschinenfabriken Joh. Jacob Rieter & Cie. in Winterthur und von Nicolas Schlumberger & Cie. im elsässischen Guebwiller; 1860 ersetzte er sie durch solche von der Firma Platt Brothers in Oldham bei Manchester.

Mit der Wahl eines neuen Standorts bewies Fridolin Jenny seinen visionären Geist. Das Areal Ziegelbrücke eignete sich zur Ansiedlung eines Industriebetriebs hervorragend: Die 1823 beendete Linthkorrektion hatte bei Ziegelbrücke neuen Boden geschaffen und den zentralen Transportweg zwischen Walen- und Zürichsee sicherer gemacht (**82, Herren über wildes Wasser**). Auch war genügend Wasserkraft für den Antrieb der Maschinen vorhanden. Die Wasserkraft für die Spinnerei von Jenny und Enderlin stammte nicht aus dem Linthkanal, sondern aus dem sogenannten Brunnenfluss, der aus dem Mettlen-, Tränki- und Rautibach bestand. Letzterer fliesst im alten Flussbett der Linth vor der Korrektion. So lenkten die Firmengründer den Brunnenfluss über ein grosses Wasserrad, bevor sie ihn an der tiefsten Stelle an der Ziegelbrücke dem Linthkanal zuführten. Mit dem Bau der Eisenbahnlinie in unmittelbarer Nähe zur Fabrik ab den 1850er-Jahren entstanden für das Unternehmen geradezu ideale Bedingungen.

Fridolin Jenny gab den Handel mit bedruckten Tüchern bald auf, um sich ganz dem neuen Betriebszweig der Spinnerei zu widmen. Sein Geschäftspartner und Kapitalgeber Enderlin liess ihm dabei freie Hand. Am 1. März 1836 verkündeten die Teilhaber mit einem Zirkular die Gründung der Firma Enderlin & Jenny. Am Unternehmen waren beide Gründer zu gleichen Teilen an Gewinn und Verlust beteiligt. Gleichwohl stellte David Enderlin der Firma noch längere Zeit weiteres Kapital zur Verfügung. Zu seinem Vertreter in Ziegelbrücke setzte er den Prokuristen Joseph Torricelli aus Lugano ein. Dieser blieb der Firma bis 1868 treu.

Wenige Jahre nach der Firmengründung erwarb Fridolin Jenny 1838 weiter oben am Brunnenfluss auf der Allmend von Niederurnen die stillgelegte Spinnerei Zweifel & Weinhofer. So gelangte Jenny in den Besitz eines sogenannten Oberliegers. Dadurch liess sich die zur Verfügung stehende Wasserkraft vergrössern. Diesen Betrieb in Niederurnen nannte er später «obere Fabrik», während die Spinnerei in Ziegelbrücke als «untere Fabrik» bezeichnet wurde. Jenny vergrösserte die obere Fabrik und funktionierte sie in eine Grobspinnerei um. Dort wurden stärkere Garne hergestellt, indem man eine Faser in mehrere Fäden teilte. In der Feinspinnerei hingegen werden die Fasern durch Strecken verfeinert, woraus ein einziger dünner Faden entsteht. Der weitere Ausbau der oberen Fabrik erfolgte spätestens um 1851: Fridolin richtete in der oberen Fabrik in Niederurnen eine mechanische Weberei mit rund 300 Webstühlen ein, gleichzeitig erstellte er zwischen der oberen und der unteren Fabrik eine umfangreiche Weiheranlage, so konnte er die Wasserkraft besser nutzen. 1852 ersetzte er die alten Wasserräder durch leistungsfähigere Turbinen des Maschinenbauunternehmens André Koechlin & Cie. in Mulhouse. Fridolin Jenny stellte seinen Unternehmungen stets die neueste Technik zur Verfügung.

Ein kurzer Ruhestand nach erfolgreichem Schaffen

Im Alter von 68 Jahren wollte sich Fridolin Jenny von der Betriebsführung entlasten, hatte er doch als Ratsherr zusätzliche Pflichten übernommen. Ab 1852 übergab er die Führung der Firma Enderlin & Jenny seinem Sohn Kaspar, im Jahr 1855 schliesslich ging er offiziell in den Ruhestand. Im gleichen Jahr traten David Enderlin und er aus der Firma aus. Sie übertrugen das Geschäft an ihre jeweiligen Söhne Kaspar Jenny bzw. Louis, David, Joseph und Jakob Enderlin. Die Enderlin-Söhne waren überdies Teilhaber einer Zeugdruckerei in Traun bei Linz, wo Jakob Enderlin bereits 1849 eine Indiennes-Druckerei mit Färberei eingerichtet hatte.

Kaspar Jenny-Dinner (1819–1894) und seine Frau, Albertina (1836–1892).

Fridolin Jenny konnte seinen Ruhestand nur kurz geniessen. Er starb am 28. November 1857 im Alter von 73 Jahren. Fridolin Jenny war ein mutiger und engagierter Unternehmer, der erfolgreich eigene Wege ging. Er wagte den Schritt von der traditionellen Handweberei hin zur mechanisierten Spinnerei und schliesslich auch zur mechanisierten Weberei. So schuf er die Grundlagen für eine spätere noch stärkere Integration seines Betriebes. Zu seiner Erfolgsgeschichte gehört auch, dass er die Chancen aus der Linthkorrektion früh erkannte, sie mit beiden Händen ergriff und auf dem neugeschaffenen Land ein stattliches Industrieareal errichtete.

Als Fridolins Sohn Kaspar die Firma übernahm, kannte er sich im Betrieb bereits bestens aus. Sein Vater hatte ihn nämlich schon 1839 – im Alter von 20 Jahren – von den Schulen abgezogen und ihm einen Teil der Verantwortung im technischen Bereich der Firma übertragen. Auch ausserhalb des Unternehmens war Kaspar Jenny gut vernetzt. 1852 wurde er in die Kommission der neugegründeten Bank Glarus gewählt, ein Aufsichtsorgan, in welchem Exponenten der wichtigsten Betriebe der Region vertreten waren, darunter Daniel Jenny «Zur Sonnenuhr», der kaufmännische Leiter von Barth. Jenny & Cie. und Schwiegersohn von Fridolins Bruder Bartholome. Bereits wenige Jahre nach Übernahme der Firma, am 20. März 1859, verlieh die Gemeinde Niederurnen Kaspar Jenny für seine kommunalen Verdienste das Ehrenbürgerrecht, im Alter von 40 Jahren. Er hatte in seiner Fabrik selbst in Krisenzeiten stets für Vollbeschäftigung gesorgt. Wie schon sein Vater führte auch er ein «strammes Regiment», zeigte aber immer wieder eine patronale Fürsorge für seine Arbeiter und für die Bevölkerung. Er stellte seinen Beschäftigten auf dem Fabrikareal günstige Wohnungen zur Verfügung und richtete einen Landwirtschaftsbetrieb ein, um die Arbeiter und ihre Familien mit günstigen Lebensmitteln zu versorgen. Als Berater der Erziehungsanstalten Linthkolonie bei Ziegelbrücke und Bilten engagierte er sich für Waisenknaben aus der Region. Als Gemeinderat von Niederurnen und Ratsherr auf kantonaler Ebene setzte er sich für einen freien Handel und die Belange im Strassen- und Bauwesen ein. Kein Wunder, dass ihn auch der Bundesrat aufgrund seiner Erfahrung und seiner Kenntnisse im Textil- und Bauwesen sowie in der Landwirtschaft zur Mitarbeit in eidgenössischen Kommissionen aufrief. Bis Mitte der 1860er-Jahre baute Kaspar Jenny seinen Betrieb in Ziegelbrücke zur grössten Spinnerei im Kanton Glarus aus. Die Zahl der Spindeln verdreifachte sich seit der Gründung auf 54 000. In den Fabriken in Ziegelbrücke und Niederurnen arbeiteten 520 Personen, davon waren 128 Kinder. Der Betrieb war damals das viertgrösste Industrieunternehmen im Kanton.

Am 14. August 1855 heiratete Kaspar Jenny die 19-jährige Albertina Dinner (1836–1892) aus Ennenda. Ihr Vater war Teilhaber des Handelshauses Dinner & Cie. in Glarus und in Ancona (Italien). Albertina und Kaspar Jenny-Dinner hatten fünf Kinder. Den 1856 geborenen ältesten Sohn tauften sie nach dessen Grossvätern Fridolin bzw. Fritz. Es folgten die mit 16 Jahren verstorbene Margaretha (1858), Kaspar (1860–1910), Albertina (1863–1957) und schliesslich Emilie (1868 geboren).

Ziegelbrücke wird Knotenpunkt

1859 wurde Ziegelbrücke zu einem Eisenbahnknotenpunkt und die Bahnlinien Rüti–Rapperswil-Weesen sowie Weesen-Glarus von den Vereinigten Schweizerbahnen wurden eröffnet. Dadurch vereinfachte sich für die Firma Enderlin & Jenny die Zufuhr von Baumwolle und Steinkohle sowie der Transport der fertigen Produkte für den Verkauf beträchtlich. Der Bahnhof Ziegelbrücke entstand jedoch erst 1875 im Zusammenhang mit dem Bau der linksufrigen Zürichseebahn, die von Zürich über Ziegelbrücke nach Näfels führte.

Das grösste Unternehmen im Kanton war damals noch die von Fridolin Jenny mitgegründete Barth. Jenny & Cie. in Ennenda und Haslen. Sie beschäftigte total 919 Arbeiterinnen und Arbeiter in den Bereichen Druckerei (463 Personen) sowie Spinnerei und Weberei (456). Rund dreissig Jahre später sollte das Unternehmen in Ziegelbrücke die Ennendaner ablösen, die auf den zweiten Platz rückten. 1901 arbeiteten in Ziegelbrücke 640 Personen, während bei Barth. Jenny & Cie. nur noch insgesamt 523 Arbeiter beschäftigt waren.

In der Absicht, sein Unternehmen zu vergrössern, richtete Kaspar Jenny seinen Blick nach Mels im Sarganserland. Dort erwarb er Mitte der 1860er-Jahre an der Seez eine Mühle, um eine Spinnerei zu errichten. Da sich auch andere Glarner Unternehmen um die dortige Wasserkraft bemühten, entschied sich Kaspar Jenny, für seine Fabrik einen neuen Standort zu suchen. Durch die Verbindung mit den Brüdern Enderlin, die in Österreich bereits an Fabriken beteiligt waren, kam er auf die Idee, sich zu diesem Absatzgebiet ebenfalls einen Zugang zu verschaffen. Da das nahe gelegene Fürstentum Liechtenstein damals zum österreichisch-ungarischen Zollgebiet gehörte, war es verlockend, einen Schritt über die Grenze zu wagen. 1869 erwarb er in Triesen eine Baumwollweberei, die sechs Jahre zuvor gebaut worden und dann niedergebrannt war. Dort erstellte Jenny zusammen mit der Firma Enderlin einen Neubau. Dieser Betrieb prägte das Dorf Triesen über Jahre nachhaltig: Einerseits schuf die Firma neue Arbeitsplätze, andererseits kamen erstmals qualifizierte protestantische Fachkräfte aus der Schweiz nach Liechtenstein. Für die Arbeiter liess Kaspar Jenny 1873 durch den bekannten Glarner Architekten Hilarius Knobel (1830–1891) ein Kosthaus errichten, heute noch eine der ältesten Mehrfamilienbauten in Liechtenstein.

Einstieg der Söhne

1880 traten die Brüder Enderlin aus der Firma aus. Kaspar Jenny führte das Unternehmen unter seinem Namen alleine weiter. Inzwischen waren auch seine beiden Söhne im Betrieb tätig. Dem Ältesten, Fritz, übertrug er 1880 zusammen mit zwei langjährigen Angestellten die Prokura. Fritz beziehungsweise Fridolin, am 26. September 1856 in Ziegelbrücke geboren, hatte die Ingenieurschule des Eidgenössischen Polytechnikums in Zürich, der späteren ETH, besucht. Nach Praktika im väterlichen Geschäft sowie in England war er in Ziegelbrücke ab Herbst 1878 im Betrieb vor allem für den technischen Bereich zuständig. Sein vier Jahre jüngerer Bruder Kaspar, am 26. Juni 1860 geboren, besuchte in Glarus die Höhere Stadtschule, anschliessend absolvierte er die Industrieschule Zürich, heute das mathematisch-naturwissenschaftliche Gymnasium der Kantonsschule Rämibühl. Danach bereitete er sich wie sein Bruder in England auf seine künftige kaufmännische Tätigkeit im väterlichen Betrieb vor.

Dem Beispiel des Vaters folgend, drängte es Fritz und Kaspar, noch stärker ins Ausland zu expandieren. Ihr Ziel war das Piemont. Hier bestand für sie auch die Aussicht darauf, mehr oder weniger selbständig unternehmerisch tätig zu sein. 1884 bauten Fritz und Kaspar Jenny gemeinsam mit weiteren Teilhabern in Perosa-Argentina im Val Chisone südwestlich von Turin eine mittelgrosse Spinnerei. Das Unternehmen firmierte zuerst unter dem Namen Jenny & Ganzoni, später unter der Bezeichnung F. & C. Jenny & Cie. Überdies beteiligten sich die Brüder um 1900 an der Buntweberei Bass & Cie. in Turin, in der Absicht, das in Perosa hergestellte Garn dort leichter absetzen zu können. Diese war bereits 1871 vom Engadiner Ingenieur Victor Bass (1837–1901) gegründet worden.

1884 feierte Fritz Hochzeit mit der Glarner Fabrikantentochter Anna Katharina Dürst aus Mitlödi. Der erst 24-jährige Kaspar hingegen war gerade

UMSTRITTENER ZOLLVERTRAG

Als Liechtenstein 1919 den Zollvertrag mit Österreich kündigte, wollte die liechtensteinische Regierung von den Glarner Industriellen wissen, was sie davon hielten, wenn sich das Fürstentum bezüglich des Zollwesens an die Schweiz anschliessen würde. In ihrer Antwort teilte die Unternehmensleitung in Ziegelbrücke der Regierung in Liechtenstein am 16. September 1919 mit, «dass wir vom Standpunkte unserer Industrie den Anschluss nicht besonders begrüssen könnten». Man befürchtete Schwierigkeiten beim Absatz der in den liechtensteinischen Fabriken hergestellten Waren: «Der Export für ein Binnenland, wie die Schweiz es ist, war je und je eine schwere Aufgabe für jeden Industriellen, und der Ausblick auf künftige Zeiten ist keineswegs ermutigend, nachdem überall die Tendenz vorherrscht, in erster Linie die einheimische Industrie auszubauen oder wenigstens zu schützen.» Entgegen den Wünschen der Glarner kam der Zollanschlussvertrag mit der Schweiz im Jahre 1923 gleichwohl zustande.

Drei Generationen der Familie Jenny im Jahr 1890: In der Mitte «Patriarch» Caspar Jenny-Dinner mit seiner Ehefrau Albertina (hinter ihm). Von links: Caspar Jenny-Aebli, Ida (mit Sohn Caspar auf dem Arm) und Fritz Jenny-Dürst, Ernst und Emilie Zollinger-Jenny mit Tochter Emilie, ganz rechts: Albertina Jenny-Jenny mit ihren Kindern Tina und Conrad.

aus England zurückgekehrt. Er freute sich auf das neue Arbeitsgebiet in Italien, während es ihm «bei der strammen Geschäftsleitung seines Vaters an der Ziegelbrücke etwas eng werden mochte», hiess es 1910 in einem Nachruf. Zu dieser Zeit produzierte die Firma Caspar Jenny nicht mehr nur in Ziegelbrücke und in Niederurnen, sondern auch in Liechtenstein und Italien. 1885 kam eine weitere Fabrik in Liechtenstein hinzu: Dort beteiligten sich die Jennys an der drei Jahre zuvor errichteten Spinnerei Spoerry in Vaduz. Deren Gründer Johann Jakob Spoerry-Messikomer (1827–1899) stammte ursprünglich aus Fischenthal (ZH). Die persönliche und geschäftliche Verbindung zwischen den beiden Familien sollte über drei Generationen halten, bis zur Einstellung der Produktion in Liechtenstein. Auch die von Kaspar Jenny gegründete Weberei in Triesen wurde nach der Jahrhundertwende in das Unternehmen Jenny, Spoerry & Cie. integriert.

Während das Unternehmen Caspar Jenny Mitte der 1880er-Jahre erfolgreich expandierte und zum integriertesten Textilunternehmen im Kanton Glarus avancierte, erlitt Fritz Jenny 1885 einen familiären Schicksalsschlag. Nur wenige Tage nach dem ersten Hochzeitstag verstarb seine Frau Anna Katharina Dürst mit 22 Jahren. Vier Jahre später heiratete Fritz Jenny 1889 ihre jüngere Schwester Ida. Das Ehepaar wohnte in Glarus und hatte vier Kinder: Caspar Heinrich (1890–1961), Ida (1892–1901), Marguerite (1894–1963), und Fritz junior (1896–1972). Die beiden Söhne übernahmen später die Firma. Tochter Ida starb hingegen an ihrem neunten Geburtstag. Dies veranlasste die Eltern, die Ida-Stiftung zu errichten, die es ermöglichte, Niederurner Schulkinder mit einem warmen Mittagessen zu versorgen. Diesen Stiftungsgedanken führte später Idas Bruder Caspar fort: Er liess im hinteren Klöntal ein ehemaliges Kurhaus zum Ferienheim umbauen. Dort verbrachten hunderte von Schulkindern in den kommenden Jahrzehnten unbeschwerte Ferien. Sein Sohn Fritz Jenny-Tarter führte dieses Engagement weiter; anlässlich seines Todes im Jahr 2007 liess die Erbengemeinschaft der Ida-Stiftung ein äusserst grosszügiges Legat zukommen.

Grosse Wohltäterin und selten gewordener Fabrikantentypus

Am 21. Mai 1892 verstarb in Ziegelbrücke Kaspar Jennys Frau Albertina Jenny-Dinner, die Mutter von Fritz und Kaspar junior. Sie erlag im 57. Altersjahr einer Lungenentzündung. Laut den «Glarner Nachrichten» verlor Niederurnen mit ihr «die grösste Wohltäterin der Gemeinde». Sie hatte sich während Jahren in der Arbeits-, Kleinkinder- und Fortbildungsschule engagiert und sich der Armen angenommen. Zwei Jahre nach seiner Frau starb auch der Patron Kaspar Jenny-Dinner am 13. Januar 1894 nach einem Schlaganfall, im 75. Altersjahr. Die «Glarner Nachrichten» druckten noch am gleichen Tag in der Abendausgabe einen ersten Nachruf ab.

Darin wurde Kaspar Jenny als «einer der bedeutendsten Industriellen unseres Kantons, einer der hervorragendsten Männer unserer Generation, einer der besten Menschen» gewürdigt. Im Unternehmen in Ziegelbrücke habe man sich wie in einem kleinen Fürstentum gefühlt. Nach dem Zürcher Heinrich Kunz galt Kaspar Jenny als zweiter Spinnerkönig in der Region. Wegen seines Äusseren und wegen seiner Energie und Schaffenskraft verglich man ihn mit Napoleon. Laut den «Glarner Nachrichten» verstarb «mit Ratsherr Kaspar Jenny einer der leider zur Seltenheit gewordenen alten Fabrikantentypen, die sich selbst gemacht haben, die auch beim grössten Reichtum unermüdlich thätig blieben, strenger noch gegen sich als gegen andere waren und persönlich fast keine Bedürfnisse kannten.» Bei der Beerdigung nahmen sowohl die Bevölkerung wie auch die Arbeiterschaft regen Anteil, wie die «Glarner Nachrichten» am 17. Januar 1894 feststellten: Im Kanton Glarus habe «noch selten eine solche Beteiligung aller Klassen der Bevölkerung bei einem Leichenbegräbnis stattgefunden». Das besondere Verdienst und die pionierhafte Leistung von Kaspar Jenny lag in der konsequenten Ausweitung seiner unternehmerischen Tätigkeit auf insgesamt fünf Standorte

UNTERNEHMERISCH AKTIVE WITWE

Afra, die einzige überlebende Tocher von Firmengründer Fridolin Jenny und Schwester von Kaspar Jenny-Dinner, heiratete 1852 den Stadtglarner Kaufmann Fridolin Streiff (1829–1872). Dieser war Teilhaber der Weberei Engi im glarnerischen Sernftal. Er starb 43-jährig und liess seine Frau mit drei Töchtern und zwei Söhnen zurück. Im Jahre 1875 bot sich der Witwe die Gelegenheit, sich an einer Schiefertafelfabrik in Engi zu beteiligen. Gemeinsam mit einem Teilhaber, für den sie eine Bürgschaft übernommen hatte, führte Afra Streiff-Jenny das Unternehmen «Schiefertafelfabrik Engy in Glarus». Nach dem Bergsturz von Elm im Jahr 1881 ging die Schieferproduktion stark zurück, da das Rohmaterial nur noch schwer zu beschaffen war. Afra Streiff-Jenny verlor in der Folge viel Geld und musste ihr Haus in Glarus verkaufen. Sie zog nach Zürich, wo sie 1903 verstarb. Gleichwohl durfte sie erleben, wie ihr Sohn Fritz unternehmerisch erfolgreich wurde.

Fritz Streiff hatte 1882 am Polytechnikum in Zürich ein Studium angefangen, musste es wegen der finanziellen Schwierigkeiten jedoch abbrechen. Stattdessen vermittelte ihm sein Onkel Kaspar Jenny eine Praktikumsstelle bei der Maschinenfabrik Oerlikon in Zürich, überdies gewährte er ihm in seinem Unternehmen in Ziegelbrücke Einblick in das Spinn- und Webgeschäft. Später fand Fritz Streiff eine Anstellung in der Spinnerei seiner Cousins Fritz und Kaspar Jenny junior im Piemont. 1891 wurde er Leiter eines Textilunternehmens in Piedimonte d'Alife nördlich von Neapel. Dank finanzieller Hilfe der Verwandtschaft erwarb Fritz Streiff 1901 mehrere Spinnereien im Aathal im Zürcher Oberland. Diese Spinnereien waren vom «Spinnerkönig» Heinrich Kunz (1793–1859) gegründet worden und wurden nun von seinen Neffen geführt. Einer von ihnen, Ernst Heinrich Zollinger, war mit Fritz Streiffs Cousine Emilie, der Schwester von Fritz und Kaspar Jenny junior, verheiratet. Die Spinnerei Streiff übernahm 1957 eine ehemalige Buntweberei in Ennenda, die später zu einer Feinspinnerei umgebaut wurde. Dank dem Erwerb weiterer Fabriken entwickelte sich die Firma in den 1960er-Jahren so zur grössten Baumwollspinnerei der Schweiz. Erst 2004 stellte das Unternehmen den Betrieb ein.

Fritz Jenny-Dürst (1856–1923), Enkel von Fridolin Jenny,
und Afra Streiff-Jenny (1832–1903), einzige Tochter von Fridolin Jenny.

in drei verschiedenen Ländern. So war er in interessanten Absatzmärkten direkt tätig und profitierte voll vom Boom der mechanischen Spinnerei in der zweiten Hälfte des 19. Jahrhunderts.

Nach dem Tod von Kaspar Jenny ging das Unternehmen in den Besitz der dritten Generation über, an seine Söhne Fritz und Kaspar junior. Dementsprechend firmierte das Unternehmen nunmehr unter dem Namen Fritz & Caspar Jenny. Die beiden Brüder arbeiteten während sechzehn Jahren eng zusammen: Fritz war für den technischen und Kaspar für den kaufmännischen Teil zuständig. Der bisherige Prokurist, Schwager Konrad Jenny-Jenny (1848–1928), Ehemann von Schwester Albertina, trat hingegen aus dem Unternehmen aus.

Ein Opfer der Flammen

Schon bald folgte die erste grosse Herausforderung für die neuen Inhaber der dritten Generation: Am 23. Dezember 1895 zerstörte ein Brand das 1833/34 erbaute, schlossartige Hauptgebäude der Spinnerei in Ziegelbrücke. Auch modernste Spinnmaschinen wurden ein Opfer der Flammen. Zweihundert Arbeiter verloren vorübergehend ihren Verdienst. Nun standen Fritz und Kaspar Jenny vor der existentiellen Frage: Wiederaufbau oder nicht? Die Brüder machten sich den Entscheid nicht leicht, denn die Textilindustrie und vor allem der Textildruck befanden sich in einer Krise. Doch sie wagten den Neustart, und schon 1897 nahm die neue Spinnerei ihren Betrieb auf. Sie verfügte über die höchste Anzahl von Dampfkesseln im gesamten Kanton. Der Betrieb in Ziegelbrücke hatte um die Jahrhundertwende die höchste Mitarbeiterzahl von allen Glarner Textilunternehmen, dazu kamen die Weberei mit 552 Webstühlen in Triesen, die Spinnereien in Perosa (30 000 Spindeln) und in Vaduz (28 000 Spindeln). Das Unternehmen produzierte nun auch feinere Garne für die Seiden- und Feinweberei sowie für die Stickerei.

Mittlerweile hatte Kaspar Jenny junior Elisa Aebli geheiratet. Das Ehepaar wohnte in der rosenumrankten «Rosenegg». Entsprechend der Familientradition engagierte sich Kaspar im Kirchen-, Schul- und Gemeinderat. Zusammen mit seinem Bruder unterstützte er die Gemeinde Niederurnen beim Bau eines Elektrizitätswerkes und eines Schulhauses. 1904 stiftete er der Kirche Niederurnen eine neue Empore mit Orgel. Zusätzlich sass er in verschiedenen Verwaltungsräten und wurde zum Delegierten des Internationalen Baumwollkongresses vorgeschlagen.

Tod am Nil

Weil Kaspar Jenny-Aebli an einem Nierenleiden erkrankt war, reiste das Ehepaar zur Erholung im Oktober 1909 nach Ägypten. Sie residierten bis zum Frühjahr 1910 im berühmten Katarakt-Hotel in Assuan, als Kaspar plötzlich eine Nieren- und Darmblutung erlitt. Obwohl sein Bruder und Schwager sofort anreisten, kamen sie zwei Tage zu spät: Kaspar Jenny-Aebli war am 26. März 1910 nur 50-jährig verstorben. Da er keine Kinder hatte, ging das Unternehmen an seinen Bruder Fritz und dessen ältesten Sohn Caspar Heinrich über. Ebenfalls im Jahre 1910 wurde die Buntweberei in Turin aufgelöst, an der die Glarner beteiligt gewesen waren. Die Spinnerei in Perosa-Argentina wurde 1920 verkauft. Damit beendete das Ziegelbrücker Unternehmen seine Beteiligungen im Piemont.

1923 nahm Fritz Jenny-Dürst seinen zweiten Sohn, Fritz junior, als Teilhaber ins Unternehmen auf. Ausserdem heiratete seine Tochter Marguerite den Glarner Ökonomen Rudolf Speich (1890–1961). Er wurde später Direktor des Schweizerischen Bankvereins in Basel und Verwaltungsratspräsident der Swissair. Am 7. November 1923 verstarb Fritz Jenny-Dürst 67-jährig an den Folgen einer Darmoperation. Die «Glarner Nachrichten» betonten seine Leistungen für das Unternehmen und für die Gemeinde. Sie rechneten es dem Fabrikanten und seinem schon früher verstorbenen Bruder hoch an, dass sie die Fabrik nach dem Brand wiederaufgebaut, in die Weberei investiert und Arbeiterhäuser errichtet hatten. Im Gemeinde- und Schulrat hatte sich Fritz Jenny unter anderem für Bachverbauungen und die Gemeindekanalisation eingesetzt, sein Bruder und er spendeten je 25 000 Franken für den Bau eines neuen Schulhauses. Damals waren die «Glarner Nachrichten» das Organ der Demokraten. Fritz Jenny gehörte der liberalen Partei an, doch habe er «durch die Erkenntnis staatlicher Notwendigkeiten und ein volles Erfassen der sozialen Gesetze seine Parteigenossen um Haupteslänge» überragt, teilte das Blatt am 9. November 1923 mit. Durch seine Reisen nach England und Amerika löste er seinen Blick von den engen Verhältnissen in der Heimat. So betrieb er eine fortschrittliche Lohnpolitik und richtete eine Alters- und Pensionskasse für seine Arbeiter ein. Jahrzehnte später bezeichnete ihn Hans Trümpy, Chefredaktor der «Glarner Nachrichten», gar als «ungekröntes Haupt von Niederurnen».

Nach Fritz Jennys Tod 1923 ging die Firma an seine Söhne Caspar Heinrich (1890–1961) und Fritz junior (1896–1972) über. Caspar hatte in Trogen und Schaffhausen die Kantonsschulen besucht. Danach begann er ein Studium als Maschineningenieur am Polytechnikum in Zürich und hielt sich zur weiteren Ausbildung in England auf. Als sein Onkel 1910 verstarb, musste Caspar wie erwähnt im Alter von 20 Jahren ins Geschäft eintreten. Bald folgten die Kriegsjahre, in denen er als Offizier Aktivdienst leistete.

Fehler machen erlaubt

In seinem 1959 verfassten Lebenslauf erinnerte er sich an die ersten Jahre im Geschäft: «Ab 1915 setzte mich der Vater in die volle Verantwortung; ich hatte mich mit den Umwälzungen bezüglich Absatz und Fabrikation, der plötzlichen Einführung der 48-Stundenwoche und vielem anderem auseinanderzusetzen.» Der Vater liess ihm viel Spielraum: «Wenn Fehler passierten, so wurden sie, sofern sie trotz logischer Überlegung entstanden, als natürliches Vorkommnis belehrend erledigt, war dies nicht der Fall, so setzte es eine kategorische Aussprache ab, womit die Angelegenheit aber ebenfalls ad acta kam.» In der Firma war Caspar Jenny fürs Technische zuständig, sein jüngerer Bruder Fritz für die kaufmännischen Belange, den Verkauf von Textilien und den Baumwolleinkauf. Diese Aufgabenverteilung war jedoch nicht starr: Fritz kümmerte sich immer stärker auch um technische Angelegenheiten, Qualitätsfragen und das Personalwesen. Die beiden Firmeninhaber wurden in der Leitung des Unternehmens von drei Prokuristen und zwei Betriebsdirektoren unterstützt. 1925 heiratete Caspar Jenny die Winterthurerin Elisabeth Sophia Philippine Müller (1898–1995). Ihr Vater war Generaldirektor bei der Zürich-Versicherung, und ihre Mutter stammte aus der Familie Jelmoli, die in Zürich das erste Warenhaus der Schweiz eröffnet hatte. Das Ehepaar hatte zwei Söhne, Fritz (1927–2007) und Robert (geboren 1931). Drei Jahre später, im Jahr 1928, verheiratete sich Caspars Bruder Fritz mit der Stadtglarner Kaufmannstochter Sophie Wyss (1900–1998). Das Paar hatte zwei Kinder.

Die 1930er-Jahre waren politisch und wirtschaftlich schwierig. Trotzdem investierten Caspar und Fritz Jenny in ihren Maschinenpark. Sie rüsteten beispielsweise die Weberei mit Webstühlen mit automatischem Spulenwechsel aus. Überdies trieben sie die Elektrifizierung des Betriebs voran: Sie beteiligten

STAMMBAUM DER FAMILIE JENNY VON ZIEGELBRÜCKE

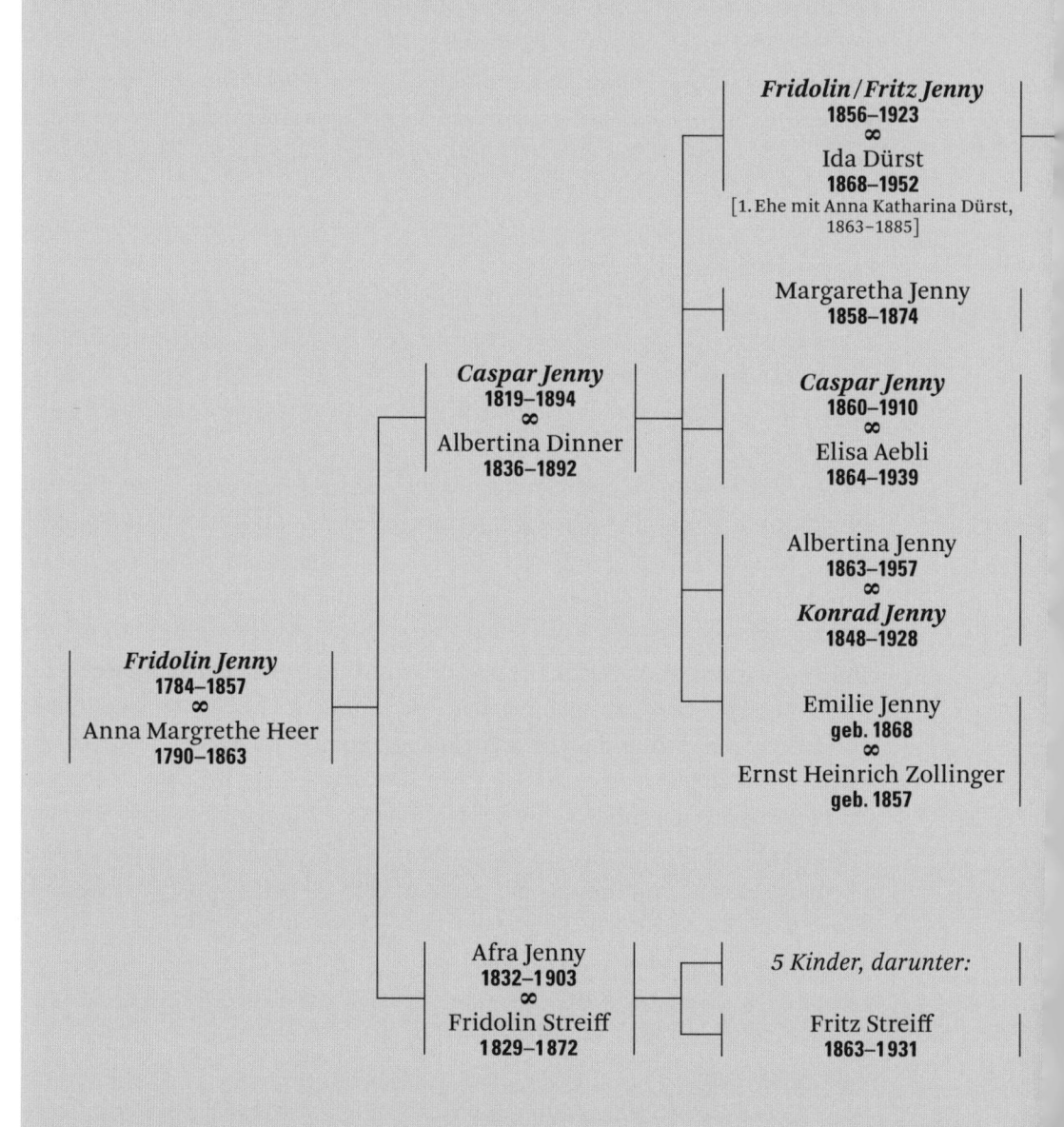

Fridolin Jenny
1784–1857
∞
Anna Margrethe Heer
1790–1863

- *Caspar Jenny*
  1819–1894
  ∞
  Albertina Dinner
  1836–1892
  - *Fridolin / Fritz Jenny*
    1856–1923
    ∞
    Ida Dürst
    1868–1952
    [1. Ehe mit Anna Katharina Dürst, 1863–1885]
  - Margaretha Jenny
    1858–1874
  - *Caspar Jenny*
    1860–1910
    ∞
    Elisa Aebli
    1864–1939
  - Albertina Jenny
    1863–1957
    ∞
    Konrad Jenny
    1848–1928
  - Emilie Jenny
    geb. 1868
    ∞
    Ernst Heinrich Zollinger
    geb. 1857

- Afra Jenny
  1832–1903
  ∞
  Fridolin Streiff
  1829–1872
  - *5 Kinder, darunter:*
    - Fritz Streiff
      1863–1931

Caspar Heinrich Jenny
1890–1961
∞
Elisabeth Sophia Philippine Müller
1898–1995

Fritz Heinrich Jenny-Tarter
1927–2007

Robert Caspar Jenny-Jenny
geb. 1931

Ida Margaretha Jenny
1892–1901

Marguerite Jenny
1894–1963
∞
Rudolf Speich
1890–1961

Fritz Jenny
1892–1972
∞
Sophie Wyss
1900–1998

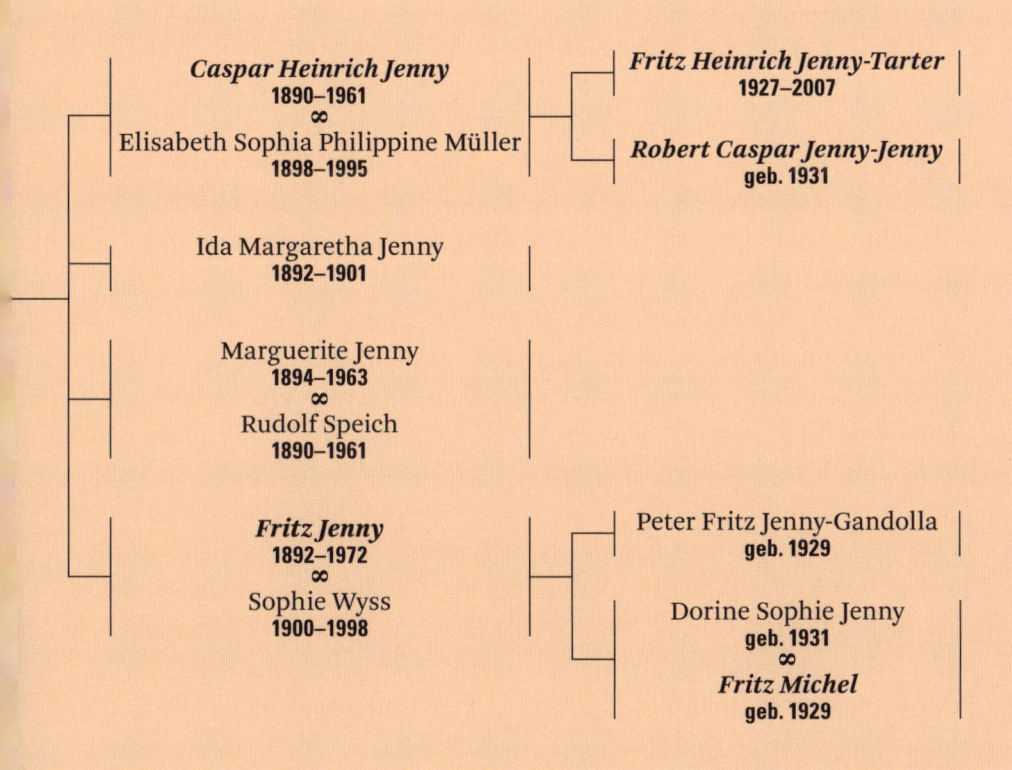

Peter Fritz Jenny-Gandolla
geb. 1929

Dorine Sophie Jenny
geb. 1931
∞
Fritz Michel
geb. 1929

Der weitverzweigte Stammbaum der Familie Jenny kann bei der Autorin eingesehen werden.

(Hervorgehobene Namen = in der Firma aktiv)

sich an den Kraftwerken Sernf-Niederenbach, die 1929 durch die Stadt St. Gallen und die Gemeinde Schwanden gegründet worden waren. Auf diese Weise stellten sie eine günstige Energieversorgung für ihre Fabriken sicher. Die verschiedenen Investitionen lohnten sich, denn Mitte der 1930er-Jahre erhielten Caspar und Fritz Jenny den Zuschlag zur Produktion von Baumwoll-Zwirn für Reifencord. Daraus wurden im Baselbiet für die Firma Firestone Autoreifen hergestellt. Noch während des Zweiten Weltkrieges errichteten die Brüder einen Neubau für die Cord-Zwirnerei. 1953 ersetzten sie die Baumwolle durch Viscose-Kunstseide. Zehn Jahre später legten sie die Cordabteilung still, da Firestone auf einen anderen Zulieferer setzte.

Auch ausserhalb des Unternehmens war Caspar äusserst aktiv. Von 1934 bis 1952 präsidierte er den Branchenverband der Baumwollindustrie, den Schweizerischen Spinner-, Zwirner- und Weberverein. In dieser Funktion gelang es ihm während des Zweiten Weltkrieges, trotz Rohstoffmangels 7000 t Baumwolle aus Russland in die Schweiz zu importieren. Zudem war er Vizepräsident des Eidgenössischen Textilsyndikats, Mitglied der Preiskontrollkommission und der Kommission für Krisenbekämpfung und Arbeitsbeschaffung. Von 1935 bis 1960 gehörte er dem Vorstand des Schweizerischen Handels- und Industrievereins, dem sogenannten Vorort, an. Dank seiner Beziehungen wurde Caspar Jenny in verschiedene Verwaltungsräte berufen, so etwa – wie schon sein Vater – bei der Schweizerischen Kreditanstalt, der Hausbank des Unternehmens, und der Zürich-Versicherung. Auch in Gemeinde und Kanton folgte er seinem Vater nach: Er war 40 Jahre lang Mitglied der Schulbehörde, wirkte 45 Jahre als Gemeinderat und 26 Jahre als Landrat. 1946 trat er dort allerdings zurück, nachdem bekannt wurde, dass er 1940 die umstrittene «Eingabe der Zweihundert» mitinitiiert hatte. In dieser Eingabe an den Bundesrat hatten die Unterzeichner eine verstärkte Anpassung der Presse an das nationalsozialistische Deutschland gefordert.

Ausbau nach dem Krieg

Wie schon ihr Vater investierten auch Fritz und Caspar Jenny vor allem in die technischen Einrichtungen und versuchten, die bestehenden Gebäude möglichst gut auszunutzen. Caspar Jenny hielt damals in seinem Lebenslauf fest: «Der Betrieb, die Erhaltung und Mehrung der Fabriken war zur Familientradition geworden, und die Auffassung war ähnlich wie auf einem Bauerngut: Jede Generation fühlte sich verpflichtet, das Übernommene vergrössert oder mindestens gut erhalten weiterzugeben.»

Für die Garnproduktion standen in Ziegelbrücke zwei Gebäude zur Verfügung, der Altbau aus der Gründerzeit und der sogenannte Neubau, der nach dem Brand von 1895 entstanden war. Schon vor dem Krieg hatte der Betrieb auf

a | Blick Richtung Süden auf die Firma Fritz + Caspar Jenny im Vordergrund, rechts im Bild die Gemeinde Niederurnen, 1922.
b | Blick von Süden auf die Firma Fritz + Caspar Jenny in Ziegelbrücke, 1922.

Caspar Jenny-Müller (1890–1961) und sein Sohn, Fritz Jenny-Tarter (1927–2007).

Ringspinnmaschinen der Firma Rieter in Winterthur umgestellt. Die Brüder setzten auf eine hohe Spindelzahl (48 000). Ein Dreischicht- oder Rundumbetrieb kam jedoch noch nicht in Betracht. Denn das Unternehmen beschäftigte vor allem Frauen, denen die Nachtarbeit untersagt war. Um einen zweischichtigen Betrieb unterhalten zu können, engagierte das Unternehmen italienische Arbeitskräfte. Das Garn produzierte man mehrheitlich für die eigenen Webereien in Niederurnen und in Vaduz; das breite Sortiment wurde bis in die 1980er-Jahre beibehalten. Die Weberei in Niederurnen arbeitete um 1950 noch mit Schützen-Webstühlen der Maschinenfabrik Rüti. Bei diesen wurde das Schussgarn mittels eines «Schiffli» durch das Kettgarn hindurch geschleudert.

Die USA als Vorbild

Um die Produktion zu erhöhen, bauten Fritz und Caspar Jenny 1951 einen neuen Websaal und gingen dort ebenfalls zum Zweischichtbetrieb über. Beim Bau orientierten sie sich an den USA, installierten Vollklimatisierung und künstliche Beleuchtung. Für die Beurteilung von neuen Webstühlen war der Sohn von Caspar Jenny, der 1927 geborene Fritz, zuständig. Er hatte an der ETH Maschineningenieurwesen studiert. Anschliessend ging er zur weiteren Ausbildung in die USA und nach Paris, bevor er 1955 in die Firma eintrat. Im gleichen Jahr wurde er Teilhaber bei der liechtensteinischen Schwesterfirma Jenny, Spoerry & Cie., 1960 auch Teilhaber bei Fritz + Caspar Jenny. Er heiratete 1963 Josefine Tarter (geb. 1934) aus Vorarlberg.

Am 10. November 1961 starb Patron Caspar Jenny-Müller im Kantonsspital nach einer Nierenoperation. In einem Nachruf in der «Neuen Zürcher Zeitung» erinnerte Heinrich Homberger – von 1939 bis 1965 Direktor des Vororts – daran, dass der Grossindustrielle das Milizsystem «in klassischer Weise» verkörpert habe. Caspars Dienstkamerad Hans Trümpy verfasste als Chefredaktor der «Glarner Nachrichten» einen sehr persönlichen Nachruf. Er betonte Jennys Weitblick als Wirtschaftsführer, sein Interesse an wirtschaftlichen Fragen, seinen fast väterlichen Umgang mit den Arbeitern und seine menschliche Güte. Er schloss mit den Worten: «Nun ruht er aus von seiner grossen Arbeit, der Teppich des Lebens ist vollendet, die Schiffchen haben sich aus dem Gewebe zurückgezogen, das Garn ist gesponnen, das Tuch gewoben.» Caspar Jenny gelang es, in wirtschaftlich schwierigen Jahren das Unternehmen erfolgreich am Laufen zu halten – auch dank seiner hervorragenden Vernetzung in Verbänden, Unternehmen und Politik. Wie bereits seine Vorfahren engagierte auch er sich stark ehrenamtlich für seine Gemeinde.

Nach Caspars Tod trug Sohn Fritz Jenny-Tarter zusammen mit seinem Onkel, Fritz Jenny-Wyss, die volle Verantwortung. Er übernahm die technische Oberleitung und widmete sich dem Garnverkauf. Sein vier Jahre jüngerer Bruder Robert war ebenfalls am Unternehmen beteiligt, aber nicht in der Geschäftsführung aktiv. 1969 wurde Fritz Michel-Jenny, der Schwiegersohn von Fritz Jenny-Wyss, Teilhaber. Fritz Michel-Jenny war Absolvent der Handelshochschule St. Gallen. Er war bereits Ende der 1950er-Jahre in die Firma eingetreten und hatte die elektronische Datenverarbeitung eingeführt. Nach dem Tod seines Schwiegervaters 1972 trat Fritz Michel-Jenny in dessen Fussstapfen; von da an wurde die Firma vollständig durch die beiden Fritze aus der fünften Generation geführt.

Rezession und Kurzarbeit

Die 1970er- und 1980er-Jahre waren geprägt von der Rezession und der damit verbundenen Kurzarbeit. Die Firma investierte gleichwohl in neue Spinn- und Webmaschinen und führte den Dreischichtbetrieb ein. Dank diesen Neuerungen erreichte die Spinnerei eine vergleichbare Produktion wie früher – mit nur noch rund 37 000 Spindeln. Die Zahl der Beschäftigten sank jedoch auf 200. 1976 begann die Weberei mit der Fabrikation von daunendichtem Gewebe zur Herstellung von Duvets. Diesen Bereich hatte man von der Firma Legler in Diesbach übernommen. In den 1980er-Jahren automatisierte der Betrieb die Spinnereivorstufen (Öffnerei, Putzerei und Karderie) und baute neue Ringspinnmaschinen ein. Gleichzeitig stellte die Weberei auf Greifer-Webmaschinen um. Als 1982 die Weberei der Schwesterfirma Jenny, Spoerry & Cie. in Triesen geschlossen wurde, konnte die Weberei in Niederurnen dank des Dreischichtbetriebs die Produktion weitgehend übernehmen. 1984 erwarb die Gemeinde Triesen das ehemalige Fabrikareal. Es wurde später als Standort für Kultur- und Gewerbebetriebe genutzt.

Arbeiterin an einer Spinnmaschine der Firma Fritz+Caspar Jenny in Ziegelbrücke, um 1950.

Hoher Besuch

Die Ansprache zum 150-Jahr-Jubiläum im Jahr 1984 hielt Kurt Furgler (1924–2008), Bundesrat für Volkswirtschaft. 250 Gäste feierten im Niederurner Gemeindesaal «Jakobsblick», den Caspar Jenny-Müller in den 1950er-Jahren gestiftet hatte. Für Fritz Jenny-Tarter war dieser Anlass ein Höhepunkt seiner beruflichen Tätigkeit. Kurz nach dem Jubiläum trat Fritz Michel-Jenny aus gesundheitlichen Gründen aus der Firma aus. In der Folge wurde 1986 die bisherige Kollektivgesellschaft in die Aktiengesellschaft Fritz+Caspar Jenny AG umgewandelt. Von nun an war nur noch die eine Jenny-Familie im Aktionariat vertreten, mit den Brüdern Fritz und Robert. Fritz war auch Verwaltungsratspräsident. Ein weiteres wichtiges Ereignis für das Unternehmen fand im September 1990 statt: Die britische Premierministerin Margaret Thatcher (1925–2013) besichtigte den Betrieb bei ihrem Schweizbesuch. Dies ist ein weiterer Beweis, dass das Unternehmen trotz des Niedergangs in der Textilindustrie immer noch über eine grosse Strahlkraft verfügte.

1990 gliederte das Unternehmen einen modernen Websaal an das bestehende Webgebäude von 1951 an. Das war ein mutiger Schritt, denn in dieser

Zeit gingen verschiedene Webereien ein, so etwa 1988 die Weberei der Firma Honegger in Wald oder 1991 die Weberei Walenstadt. Die Fritz + Caspar Jenny AG installierte ausschliesslich moderne Greifer-Webmaschinen. Damit hatte der Webschütze oder das «Schiffli», zentrales Element der mechanischen Weberei im 19. und 20. Jahrhundert, ausgedient. Das Verschwinden des Schiffli war laut Fritz Jenny-Tarters Erinnerungen für jeden richtigen Weber ein historisches Ereignis.

Alle Optionen diskutiert

Doch die Krise der schweizerischen Textilindustrie betraf nun auch die Fritz + Caspar Jenny AG. Erstmals wurde 1993 ein Nichtfamilienmitglied mit der Geschäftsleitung betraut, um Fritz Jenny-Tarter, nunmehr 66 Jahre alt, zu entlasten. Noch stand nämlich nicht fest, ob und wie die sechste Generation mitzuwirken gedachte. Ausserdem wurde die Stilllegung der Weberei erwogen. Stattdessen verkaufte man die Spinnerei in Vaduz an das Fürstentum Liechtenstein. Das Areal wurde später saniert und dient heute als Universität, Konferenzzentrum sowie Veranstaltungsort. Doch auch der neue Geschäftsleiter konnte keine Trendwende herbeiführen: Angesichts der hohen Verluste nahmen die Aktionäre 1996 die Geschäftstätigkeiten genauestens unter die Lupe und diskutierten alle möglichen Optionen bis hin zur Betriebsaufgabe.

Der Besuch der britischen Premierministerin Margret Thatcher in Ziegelbrücke war einer der Höhepunkte der Firmengeschichte. Links von ihr die Bundesräte Koller und Felber, 1990.

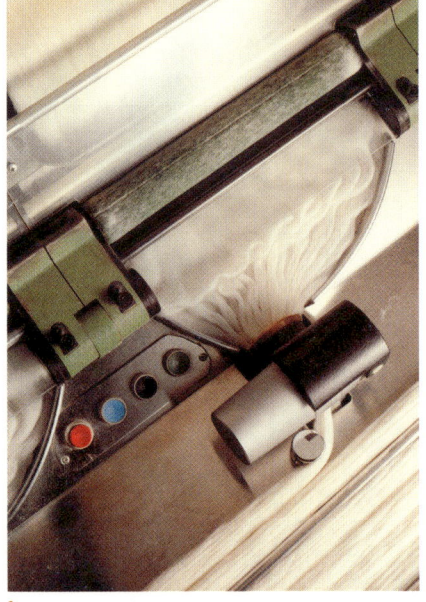

a

b

98

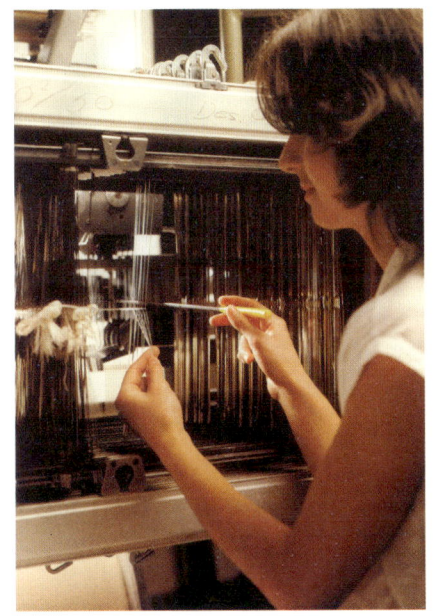

c

a | Tausende von Baumwollballen liegen im Lager bereit, 1984.
b | Die Kämmmaschine ist eine Voraussetzung für hochwertige Garne, 1984.
c | Hohe Konzentration an der Webmaschine, 1984.
d | Anfang der 1980er-Jahre stellte Fritz & Caspar Jenny auf Greifer-Webmaschinen um.

d

Schliesslich nahm Caspar Jenny-Hahn aus der sechsten Generation die Restrukturierung an die Hand. Der damals 32-jährige Sohn von Fritz Jenny-Tarter hatte nach dem Wirtschaftsstudium auswärts gearbeitet und plante eigentlich, im Ausland weitere Erfahrungen zu sammeln. Er war bereits verheiratet und Vater von zwei kleinen Kindern. Nun wollte er ohne Sentimentalitäten die neue Aufgabe anpacken, bei der er auch unangenehme Entscheide fällen musste. 1997 überführte er die verschiedenen Bereiche des Unternehmens in juristisch eigenständige Gesellschaften: Aus der Spinnerei mit rund 100 Mitarbeitern entstand die Spinnerei Ziegelbrücke AG, aus der Weberei mit 130 Angestellten die Jenny Fabrics AG. Personalwesen, Buchhaltung und Immobilienverwaltung firmierten weiterhin unter dem Namen Fritz + Caspar Jenny AG. Trotz Investitionen in Millionenhöhe gelang es nicht, die traditionsreiche Spinnerei in Ziegelbrücke zu retten. Nach 167 Jahren wurde sie 2001 geschlossen, 90 Mitarbeitende wurden arbeitslos. Dieser Entscheid war für alle Betroffenen ein schwerer Schlag, nicht zuletzt für Fritz Jenny-Tarter, der sehr an der Spinnerei hing.

Spezialisiert auf Qualitätsware

Indessen investierte das Unternehmen in neue Webmaschinen mit Luftdüsen. Man spezialisierte sich auf die Produktion von kleineren Mengen. Die Gewebe werden für Hemden, Blusen, Heimtextilien und Schutzkleidung eingesetzt. Unter anderem webt Jenny Fabrics den Baumwollstoff für die legendären Zelte der Schweizer Firma Spatz. 2004 übernahm man von der Weberei Wängi das Knowhow für die Drehertechnologie, eine historische Webmethode. 2008 wurde nochmals die Hälfte der Webmaschinen komplett erneuert. Und 2011 erwarb das Unternehmen zudem von der Weberei Keller AG in Wald 12 Webmaschinen, welche Gewebe mit einer Breite von bis zu 340 cm herstellen. Jenny Fabrics bietet somit heute ein vielfältiges Sortiment an. Auch der Schritt ins Ausland war wichtig, um den Kostendruck zu dämpfen und die Arbeitsplätze im Glarnerland zu sichern: 2004 beteiligte sich das Unternehmen an einer tschechischen Weberei, weitere Partnerschaften entstanden mit Betrieben in Lettland und China. In der Schweiz blieb das Unternehmen ebenfalls gut vernetzt: Caspar Jenny-Hahn ist, wie schon sein Grossvater, Vorstandsmitglied des Textilverbands Schweiz, des einstigen Schweizerischen Spinner-, Zwirner- und Webervereins.

Heute werden bei Jenny Fabrics in Niederurnen und in den tschechischen Partnerbetrieben jährlich 12 Millionen Quadratmeter Rohgewebe gefertigt, vom preisgünstigen Basisgewebe bis hin zu anspruchsvollen, speziellen Stoffen. Der grösste Teil der ausgerüsteten Ware geht nach Europa, exportiert wird aber auch nach Asien und in die USA. Jeder Meter Ware, der das Werk verlässt, wird einer strikten Qualitätskontrolle unterzogen.

a | Umbau der Spinnerei in Ziegelbrücke...
b | ... in Loftwohnungen, 2007.
c | Die heutige Weberei der Fritz + Caspar Jenny AG in Niederurnen.

Der Kreis schliesst sich

Schon in den 1990er-Jahren entstanden in den ehemaligen Fabrikgebäuden Mietwohnungen, Büros oder Gewerberäume. Teilweise wurden gleich mehrere Nutzungsarten in einem Gebäude vereint: So baute man 2004 das älteste der Kosthäuser zu Wohnungen sowie Gewerbe- und Praxisräumen um. Einzelne Mitarbeiter und Pensionäre hatten die 1861 errichtete Mietskaserne noch bis Ende der 1990er-Jahre bewohnt. Auch in die stillgelegte Spinnerei zog 2007 wieder neues Leben ein. Das dreigeschossige Gebäude von 1896 beherbergt nun Loftwohnungen, Büros, Ateliers und Gewerberäume. Eine Tochterfirma des dänischen Getränkeherstellers Carlsberg koordiniert von Ziegelbrücke aus mit rund 180 Mitarbeitenden den Einkauf, die Produktion und die Logistik. 2009 feierte die Fritz + Caspar Jenny AG ihr 175-jähriges Bestehen. Patron Fritz Jenny-Tarter erlebte dieses Jubiläum nicht mehr, denn er war zwei Jahre zuvor 80-jährig gestorben. Wie seine Vorfahren hatte er sich politisch engagiert: 23 Jahre im Gemeinderat Niederurnen und 19 Jahre im Landrat, 1980/81 als Landratspräsident.

Fritz Jenny-Tarter übernahm von seinem Vater die schwierige Aufgabe, das Unternehmen und seine Arbeitsplätze trotz Niedergang der schweizerischen Textilindustrie zu bewahren. Trotz des schrumpfenden Marktes gelang es der Firma weiterhin, zukunftsträchtige Nischen zu finden. Fritz Jenny investierte konsequent in die Weberei und installierte dort modernste Webmaschinen. Sein Sohn passte das Unternehmen kontinuierlich an und führte den Betrieb dank Spezialisierung und Diversifikation erfolgreich ins 21. Jahrhundert.

Zum Firmenjubiläum 2009 machte die Unternehmensleitung den Oberen Fabrikweiher der Öffentlichkeit zugänglich. Die Erneuerung der alten Kraftwerkanlagen und der Ausbau des Hochwasserschutzes stehen im Zusammenhang mit der Sanierung des Linthwerks. Das neue Kleinkraftwerk wurde 2011 eröffnet. Es deckt rund die Hälfte des Strombedarfs der Firma und ist das einzige private Stromnetz im Kanton Glarus. Ein ökologischer Meilenstein ist dabei die Fischtreppe, die Rautibach und Linth erstmals seit 177 Jahren wieder miteinander verbindet.

So schliesst sich der Kreis: 180 Jahre, nachdem Pionier Fridolin Jenny das Areal in Ziegelbrücke zur Basis seines Betriebs gemacht hat, betreibt das einstmals grösste und integrierteste Glarner Textilunternehmen dort eine der zwei letzten Baumwollwebereien im Glarnerland. Mit der klugen Umnutzung des imposanten Fabrikareals in Ziegelbrücke und der gezielten Erneuerung der Wasserkraft wertet die Familie Jenny den Wirtschaftsraum Glarus Nord auf und sendet ein Signal über die Kantonsgrenzen hinaus: Die Linthregion bietet erneut Impulse für innovative Unternehmen – der Unternehmergeist des Gründers Fridolin Jenny inspiriert auch heute weiterhin zu Pioniertaten.

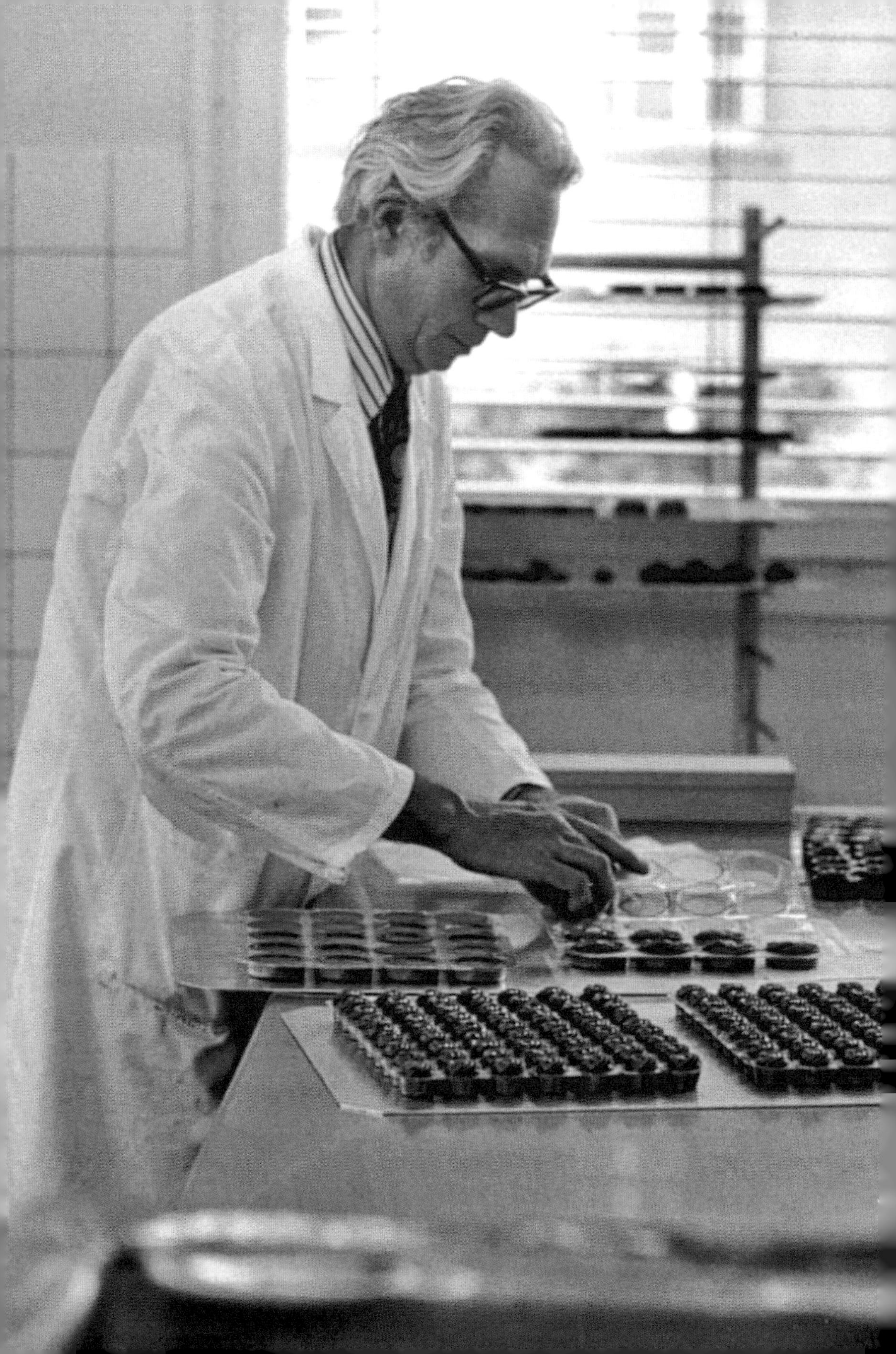

IV
GLARUS: DER EHEMALIGE TEXTILKANTON ERFINDET SICH NEU

Rudolf Läderach-Stoffel
(1929–2013)

Das Glarnerland bleibt der am stärksten industrialisierte Kanton der Schweiz. Noch heute arbeiten über 40 Prozent der rund 18 000 Beschäftigten in der Industrie, mehr als in jedem anderen Kanton. Einst ein Eldorado der Textilindustrie, prägen heute innovative High-Tech-Firmen im Maschinen- und Anlagenbau, der Kunstoff- und Elektrotechnik sowie in der Nahrungsmittelindustrie den Glarner Wirtschaftsstandort. Drei Beispiele zeigen, dass es im Glarnerland nach wie vor möglich ist, traditionelle Produkte, aber auch Spezialitäten im Premiumsegment herzustellen und mit Erfolg zu vermarkten.

Maschinenbau und Kunststoff

Ein wichtiger Player im Maschinenbau ist die Netstal-Maschinen AG. Sie wurde 1857 als schlichte Giesserei gegründet. Seit 1945 stellt die Fabrik in Netstal, später in Näfels Spritzgussmaschinen her, die sie in die ganze Welt exportiert. Die Firma gehört heute zum Münchner Grosskonzern KraussMaffei, einem der weltweit grössten Hersteller von Spritzgussmaschinen. Netstal stellt für diesen Konzern Produkte aus dem Premiumsegment her. Mit rund 430 Mitarbeitern ist die Netstal-Maschinen AG die grösste private Arbeitgeberin im Kanton.

In einem weiteren anspruchsvollen Umfeld der Kunststoffindustrie ist seit Jahren die Kunstoff Schwanden AG tätig. Als Zulieferer für die Textilindustrie 1877 gegründet, stellt sie heute spezielle thermoplastische Kunststoffteile für Haushaltmaschinen, Automobile und Telecomapparate her. Zu ihren Kunden gehören namhafte Firmen wie Nespresso, Swatch oder Mercedes. Die Kunststoff Schwanden AG beschäftigt rund 400 Mitarbeitende und ist damit die zweitgrösste industrielle Arbeitgeberin im Kanton.

Confiseur Läderach: Pionier der Pralinenproduktion

Als Senkrechtstarterin in der Glarner Nahrungsmittelindustrie gilt die 1962 in Glarus gegründete Confiseur Läderach AG. An diesem Standort erfand Rudolf Läderach 1970 das bahnbrechende «Verfahren zur Herstellung dünnwandiger Truffes-Hohlkugeln». Damit können Confiseure wesentlich zartere Füllungen verarbeiten als mit der bisherigen Dressiertechnik.

1972 bezog das Unternehmen in Ennenda einen Neubau. Dort begann Rudolf Läderach mit 16 Mitarbeitenden, Pralinen, Truffes, Frischschokolade und Petits Fours herzustellen. Im folgenden Jahrzehnt eröffnete er im Hauptort Glarus einen Verkaufsladen, gründete in Deutschland einen Produktionsbetrieb und exportierte erstmals in die USA sowie nach Japan. 1994 übernahm sein Sohn, Jürg Läderach (geb. 1960), die Firmenleitung. Dieser trieb die Expansion der Firma zügig voran. 2004 erwarb er das Filialnetz der Merkur Confiserien AG.

Ein Glarner Handelsschiff auf dem neuen Linthkanal. Im Hintergrund die hölzerne Ziegelbrücke, rechts die Armenerziehungsanstalt Linthkolonie.

Heute tritt er mit einer eigenen Ladenkette unter dem Namen «Läderach – Chocolatier Suisse» auf. Läderach legt grossen Wert auf die Qualität seiner Produkte und einen Verkaufsansatz, der die Kunden als Experten mit ihrem eigenen Geschmack einbindet und sie so ins Zentrum stellt. Das Unternehmen investiert fortlaufend in den Standort Glarnerland. 2006 nahm die Firma ein neues Logistikzentrum in Bilten (Glarus Nord) in Betrieb. Dort stellt die Firma seit 2012 aus Kakaobohnen Couverture, die Grundzutat für Schokoladenprodukte, her. Die Firma Confiseur Läderach AG beschäftigt heute knapp 400 Personen. Sie ist im Glarnerland fest verwurzelt und baut dort auf die Kompetenz und Treue ihrer langjährigen Mitarbeiter. Doch neben der hochautomatisierten Couvertureproduktion pflegt und perfektioniert das Unternehmen in seiner grossen Backstube in Ennenda weitgehend noch die Handarbeit. Dabei kontrolliert Läderach die gesamte Wertschöpfungskette – vom Kauf der Kakaobohnen bis zum Verkauf der Spezialitäten in eigenen Läden. Diesem Gesamtkonzept verdankt das Unternehmen seinen Erfolg, so Jürg Läderach: «Wir sind Familienbetrieb, handwerklicher Confiseur, Industrieunternehmen und mit unserer Ladenkette zugleich Einzelhändler. Das eröffnet uns viele kreative Möglichkeiten.»

Die Wasserkraft als Motor der Glarner Industrie

Wie schon die Textilfabriken nutzen auch die heutigen Unternehmen im Glarnerland die Wasserkraft. Sie beziehen die elektrische Energie oftmals von einem der zahlreichen kleineren glarnerischen Wasserkraftwerke. Seit der Einführung der «Kostendeckende Einspeisevergütung» (KEV) im Jahr 2008 wurden an der Linth und am Sernf rund zwanzig Kleinkraftwerke – von stillgelegten Fabriken – saniert oder ausgebaut. Die so produzierte Energie wird entweder selbst genutzt oder verkauft. Zu diesem Zweck schlossen sich 2009 die Eigentümer der Glarner Kleinkraftwerke – so auch die in dieser Publikation vorgestellten Textilfirmen, die Fritz+Caspar Jenny AG und die Daniel Jenny&Co. – zu einer Interessengemeinschaft zusammen.

Seinen Ruf als Wasserschloss der Schweiz verdankt das Glarnerland in erster Linie seinen grossen Wasserkraftwerken. Das bereits 1908 eröffnete Speicherkraftwerk am Löntsch nutzt das gestaute Wasser am Klöntalersee. Noch bekannter ist die 1957 im Süden des Kantons gegründete Linth-Limmern AG; diese gewinnt die Wasserkraft aus dem Limmern-Stausee. Das Unternehmen gehört zu 85 Prozent der Axpo AG und zu 15 Prozent dem Kanton Glarus. Mit dem Ausbauprojekt «Linthal 2015» ist ein Pumpspeicherwerk im Bau, das neben den natürlichen Wasserflüssen, dem Gefälle und den vorhandenen Seen die Speicherung anderweitig produzierter Energie verwenden kann. Damit verdreifachen die Kraftwerke Linth-Limmern ihre Leistung.

Fazit

Die angeführten Beispiele zeigen, dass sich Glarner Unternehmer dank innovativen Ideen, der Qualität ihrer Produkte und ihrer Flexibilität weiterhin national und international behaupten können. Dabei profitieren sie von günstigen Standortbedingungen: der Nähe zu wichtigen Ballungszentren, der Verfügbarkeit qualifizierter Arbeitskräfte sowie von vorhandenen, attraktiven Landreserven.

Bibliografie

Archive und Dokumentationen

Comptoir Daniel Jenny & Cie., Ennenda

Jenny-Wipf, Daniel: *Das Comptoir der Firma Bartholome Jenny & Cie. (ab 1902 Daniel Jenny & Co.)*, [Typoskript] Ennenda 2005.

Jenny-Wipf, Daniel: *Inhaltsverzeichnis der in den Räumen des Comptoirs der Firma Daniel Jenny & Co. untergebrachten Akten*, [Typoskript] Ennenda 2001.

Firmenarchiv Fritz + Caspar Jenny, Niederurnen

Rohr, August: *Das Textilunternehmen Jenny in Niederurnen in der zweiten Hälfte des 20. Jahrhunderts.* [Typoskript] Niederurnen 2008.

Fondazione Famiglia Legler, Ponte San Pietro

Combi, Marzia et al.: *Legler: Storia di un'impresa familiare. Incontro con il Dott. Fredy Legler*, 3.12.1999, Università degli Studi di Bergamo, Facoltà di Economia, [Typoskript] Bergamo 1999.

Legler, Fredy: *Ansprache an der Inaugurazione Fondazione Famiglia Legler vom 25.5.1995*, [Typoskript] Ponte San Pietro 1995.

Legler, Fredy: *Bergamo e Svizzera. 200 anni di amicizia*, [Ansprache vom 22.9.2001] [Typoskript] Ponte San Pietro 2001.

Legler, Fredy: *L'impresa tessile nel futuro. Convegno annuale dell'Ifcati*, Bruxelles, 17 settembre 1968, Estratto dalla rivista industria cotoniera (1968), Nr. 10.

Pavoni, Mario: *Legler Industria Tessile, 1970–1990 – Leader der europäischen Textilindustrie. Die beste und schönste Erfahrung eines langen Arbeitslebens*, [Typoskript] 16.3.2013.

Il tessuto Legler dal 1953 al 1970 attraverso le fotografie dei modelli d'alta moda.
Presentazione dell'Archivio Famiglia Legler, [Typoskript] Ponte San Pietro 2004.

Liechtensteinisches Landesarchiv (www.e-archiv.li)

Maschinenschriftliches Schreiben mit handschriftlichen Ergänzungen der Firma Jenny, Spoerry & Cie an die liechtensteinische Regierung, 16.9.1919, Ziegelbrücke (LI LA RE 1919/4641 ad 0004).

Landesarchiv des Kantons Glarus

Genealogiewerk von Johann Jakob Kubly-Müller, 1893–1923.

Knüsli, Enrico: *Diesbach-Dornhaus. Geographisches, geschichtliches, wirtschaftliches und kulturelles Mosaik*, [Typoskript] o. J.

Privatarchiv Joachim Legler-Stüssi (1722–1790), Handelsunternehmer Diesbach (PA 66).

von Arx, Rolf: *Handweberei-Kleinunternehmer und Kleinbleichereien des Glarner Hinterlandes in der 1. Hälfte des 19. Jahrhunderts*, [Typoskript] o. J.

Denkmalpflege des Kantons Zürich

Rebsamen, Hanspeter: *Dokumentation Villa Legler-Hefti von Alfred Chiodera*, in: Inventar der Zürcher Architektur des 19. Jahrhunderts, Denkmalpflege des Kantons Zürich 1969–1974.

Privatarchiv Mathias Marti

Marti, Mathias: *Glarner Genealogie, ausgezogen aus dem Historisch-Biographischen Lexikon der Schweiz, dem Genealogiewerk, den Mandaten und den Amtsblättern des Kantons Glarus*, [Typoskript] o. J.

Gedruckte Quellen und Literatur

150 Jahre Fritz & Caspar Jenny Ziegelbrücke, in: «Glarner Nachrichten» vom 24. August 1984.

Aebli, Daniel: *Dessinateurs. Kunsthistorische Betrachtungen zu den Entwürfen für den Zeugdruck des 19. Jahrhunderts aus dem Comptoir Daniel Jenny & Cie. in Ennenda (Schweiz),* Edition Comptoir-Blätter 5/6, Ennenda 2011.

Barbieri, Francesco, Renato Ravanelli: *Storia dell'industria bergamasca,* Bd. 1, Bergamo 1996.

Bartel, Otto, Adolf Jenny: *Glarner Geschichte in Daten,* 4 Bde., Glarus 1926–1937.

Bärtschi, Hans-Peter, David Streiff: *100 Jahre Spinnerei Streiff AG Aathal 1901–2001,* Bern 2001.

Bodmer, Walter: *Das Glarnerische Wirtschaftswunder. Nachwort der Glarner Handelskammer. Abriss einer Glarner Wirtschaftsstatistik,* Glarus [1952].

Caspar Jenny (1890–1961), [Lebenslauf, Abdankungspredigt, Nachruf] 1961.

Chiappa, Maddalena: *La famiglia Legler a Ponte S. Pietro. Paternalismo e imprenditoria tra Otto e Novecento,* in: Abelàse, Quaderni di documentazione locale 1 (2006), Nr. 1, S. 53–58.

Corsini, Andrea, Maddalena Chiappa: *Cooperativa Legler. I nostri primi cento anni, 1901–2001,* Bergamo 2001.

Cotonificio Legler 1875–1950, Legler Textile Mills, Industrie Textile Legler, Pubblicato in occasione del 75° anniversario di fondazione del Cotonificio Legler S.A. di Ponte San Pietro (Bergamo), [Zürich] 1952.

Davatz, Jürg: *Glarner Heimatbuch. Geschichte,* Glarus 1980.

Dürst, Elisabeth R.: *Die wirtschaftlichen und sozialen Verhältnisse des Glarnerlandes an der Wende vom 18. zum 19. Jahrhundert. Der Übergang von der Heimindustrie zum Fabriksystem,* Diss. Zürich, Glarus 1951.

Feller-Vest, Veronika et al.: *Hauptort Glarus. Schauplätze seiner Geschichte,* Glarus 2011.

Guida alla mostra «Per filo e per segni». La Rivista di Bergamo (numero speciale), nuova serie Nr. 53 (2008).

Heer, Gottfried: *Bilder aus der Geschichte von Diesbach-Dornhaus. Den Bürgern dieser Gemeinde erzählt und den draussen in fremden Landen Weilenden als Erinnerungsblatt an die Heimat gewidmet,* Separatabdruck aus dem Feuilleton der Neuen Glarner-Zeitung, Glarus 1891.

Heer, Gottfried: *Zur Geschichte glarnerischer Geschlechter, der Kirchgemeinde Betschwanden insbesondere,* in: Jahrbuch des Historischen Vereins des Kantons Glarus 15 (1878), S. 1–104.

Heusser, Sibylle, Urs Michel, Hans Jörg Rieger: *ISOS. Inventar der schützenswerten Ortsbilder der Schweiz. Ortsbilder von nationaler Bedeutung, Kanton Glarus,* Bern 1992/1993.

Historisches Lexikon der Schweiz (diverse biografische Einträge).

Honegger, Silvio: *Gli svizzeri di Bergamo. Storia della comunità svizzera di Bergamo dal Cinquecento all'inizio del Novecento,* Bergamo 1997.

Jenny-Trümpy, Adolf: *Handel und Industrie des Kantons Glarus,* in: Jahrbuch des Historischen Vereins des Kantons Glarus 33/34 (1899/1902), Sonderabdruck.

Jenny, Reto Daniel: *200 Jahre [Bartholome] Daniel Jenny & Cie. in Ennenda und Haslen. Zeitreise eines Glarner Textilunternehmens von 1808 bis 2008,* Comptoir-Blätter 3, Ennenda 2008.

Kaufmann, Andréa, Hans Jakob Streiff: *150 Jahre Gemeinnütziger Frauenverein Glarus 1863–2013,* Glarus 2013.

Kobelt-Jenny, Ruth, Reto Daniel Jenny: *Bilder und Texte aus der Lebenszeit von Daniel Jenny-Wipf 1917–2007,* Edition Comptoir-Blätter 2, Ennenda 2007.

Kubly-Müller, Johann Jakob: *Die Jenny-Familien im Kanton Glarus. Mit Einführung von Dr. phil. Adolf Jenny,* Glarus 1929.

Legler, Mathias: *Mathias Legler 1844–1920,* Glarus 1920.

Nöthiger, Mathias C.: *Die Textilindustrie im Kanton Glarus. Fortbestand und Umnutzung alter Textilbetriebe,* Diplomarbeit am Geographischen Institut der Universität Zürich, Mollis 2001.

Peter-Kubli, Susanne: *Netstal. Ein Industriedorf im Wandel,* Netstal 2000.

Rast-Eicher, Antoinette: *Zeugdrucke der Firma Bartholome Jenny & Cie in Ennenda,* Comptoir-Blätter 4, Ennenda [2009].

Ravaschio, Stefano: *L'ultimo presidente di una dinastia che ha fatto la storia del tessile*, in: «L'Eco di Bergamo» vom 22. September 2002, S. 10.

Rohr, August: *Geschichte der Gemeinde Niederurnen*, Niederurnen 2010.

Streiff, Paul: *Das erste Glarner EW stand am Diesbach*, in: Neujahrsbote für das Glarner Hinterland (1993), S. 73–76.

Stucki, Fritz: *50 alte Glarner Familien. Eine Forschungsarbeit*, Glarus 1989.

Thiessing, Frank C.: *Einige Zeugnisse von den Anfängen der Baumwollfabrikation im Lande Glarus nebst einer kleinen Geschichte der Firma Legler & Cie. in Diesbach. Zu ihrem hundertjährigen Bestehen im Jahre 1957*, Diesbach 1957.

Verein Glarner Industrieweg (GIW) (Hg.): *Glarner Industrieweg [Objekttafeln, Mappe]*, Glarus 1997.

Veyrassat, Béatrice: *Aufstieg und Niedergang der Glarner Baumwolldruckerei im 19. Jahrhundert*, in: 1291–1991. Die Schweizerische Wirtschaft. Geschichte in drei Akten, Lausanne 1991, S. 104–107.

Von Arx, Rolf, Jürg Davatz, August Rohr: *Industriekultur im Kanton Glarus. Streifzüge durch 250 Jahre Geschichte und Architektur*, Hg. v. Verein Glarner Industrieweg (GIW), Glarus 2005.

Walcher, Fridolin, Martin Beglinger: *Von Glarus nach Belo Horizonte. Wie Schweizer Familienbetriebe global mitspielen*, Zürich 2007.

Wenner-Legler, Giovanni: *Matteo Legler-Schaeppi (1880–1958) und seine Vorfahren*, [Selbstverlag] Küsnacht 1989.

Winteler, Jakob: *Geschichte des Landes Glarus, Bd. II: Von 1638 bis zur Gegenwart*, Glarus 1954.

Arbeiterin an einer Webmaschine in der Firma Legler in Ponte San Pietro, um 1950.

Bildnachweis

Cotonificio Legler 1875–1950, Pubblicato
in occasione del 75°anniversario di fondazione
del Cotonificio Legler S.A. di Ponte San Pietro
(Bergamo), [Zürich] 1952.
Umschlagsinnenseite vorne, Seiten 30 b, 38, 113

Archivio Fondazione Famiglia Legler
Seiten 9 (fondo fotografico, b. 7/3, fasc. 1, 1950, Foto: Werner Bischof), 14, 19 b, 30 a, 31 c, 33, 37 b, 41 links, 43, 45 (campionario Dynamic, 1977–78)

Andréa Kaufmann, Goldau
Seite 17 (Foto: Andréa Kaufmann)

Thiessing, Frank C.: Einige Zeugnisse von den Anfängen der Baumwollfabrikation im Lande Glarus nebst einer kleinen Geschichte der Firma Legler & Cie. in Diesbach, Diesbach 1957.
Seite 19 a, c, d

Glarner Wirtschaftsarchiv
Seite 22 (Archiv Rolf von Arx)

Landesarchiv Glarus
Seiten 25 (Wappenbuch 1937), 70 b, 71 c, 91 (Wappenbuch 1902)

Scuola Svizzera Bergamo
Seite 31 d

Verein Glarner Industrieweg
Seiten 37 a (Schönwetter, Glarus), 70 a (Foto: August Berlinger)

Yve Legler, Marbella
Seite 41 rechts

Peider C. Jenny, Obstalden
48, 51, 55, 64 c (Fotos: Peider C. Jenny)

Comptoir Daniel Jenny & Cie.
Seiten 52, 58, 61, 63 links (Foto: Peider C. Jenny), 63 rechts (Foto: Antoinette Rast-Eicher, ArcheoTex), 64 a, b, 67, 71 d, 73, Umschlaginnenseite hinten (Foto: Glarner-Fieger)

Privatbesitz Familie Jenny, Ziegelbrücke
Seiten 74, 84, 87 links, 94, 97

Firmenarchiv Fritz + Caspar Jenny, Niederurnen
Seiten 77 (Foto: Beat Oswald), 93 a, b, 98 + 99 (Broschüre zum 150-Jahr-Jubiläum 1984), 101

David Streiff, Aathal
Seiten 80, 87 rechts

Glarner Heimatbuch 1950
Seite 96, 107

Confiseur Läderach AG
Seite 104

Dank

Ohne Hans Jakob Streiff (1930–2013), den ehemaligen Leiter des Thomas-Legler-Hauses in Diesbach, würde es diesen Pionierband nicht geben. Bereits in seiner Ausstellung über die Glarner Wirtschaftsgeschichte in den Jahren 2010/11 wies er auf die wichtige Rolle hin, welche die drei in dieser Publikation vorgestellten Textilunternehmungen als Pioniere der Industrie im Glarnerland spielten. Damals habe ich die drei ausgewählten Firmen für die Ausstellung porträtiert. Ich danke Hans Jakob Streiff, seiner Frau Rösli Streiff-Speich sowie der Stiftung Thomas-Legler-Haus für das Vertrauen und die grosse Unterstützung. Der Kontakt zum Verein für wirtschaftshistorische Studien kam ebenfalls mit Hilfe von Hans Jakob Streiff zustande. Geschäftsführer Bernhard Ruetz übernahm das Buchprojekt von Anfang an mit viel Engagement und Begeisterung. Ihm wie auch dem Präsidenten Kurt Moser danke ich für die tatkräftige Unterstützung und das umsichtige Lektorat. Noch zu Lebzeiten konnte Hans Jakob Streiff die erste Fassung des Manuskripts gegenlesen und uns seine Anregungen für die Einleitung überlassen. Tief betroffen vernahm ich Mitte Dezember während meiner Recherchereise in Bergamo die Nachricht vom plötzlichen Tod von Hans Jakob Streiff.

Den porträtierten Fabrikantenfamilien, ihren Nachkommen und Vertretern möchte ich für ihre Unterstützung, ihre Offenheit und ihr Interesse danken. Es sind dies für Daniel Jenny&Co. Ruth Kobelt-Jenny (Ennenda), Peider C. Jenny (Obstalden), Ida Vischer Walt (Basel) sowie Elisabeth und Franz Wirth-Vischer (Arlesheim). Betreffend Fritz&Caspar Jenny danke ich Caspar Jenny-Hahn, Susanne Jenny Wiederkehr, Josephine Jenny-Tarter (alle Ziegelbrücke) sowie Robert Jenny-Jenny (Weesen). Bezüglich Legler&Co. geht mein Dank an Elena Legler Donadoni (Schweizerschule Bergamo), Yve Legler (Marbella), Maya R. Pfrunder-Schiess (Aarau) und Karljörg Landolt (Glarus) sowie Martin Wenner (Zürich). Michel Legler (Pregassona) sowie Marianne Rueger und Mario Pavoni (Brembate di Sopra) verdanke ich den Aufenthalt in Bergamo bzw. Ponte San Pietro und den Zugang zum ehemaligen Leglerschen Unternehmen, Fabrikgelände und Archiv. Weitere Personen haben mir Unterlagen und Bilder zur Verfügung gestellt: Markus Beerli (Visuelle Gestaltung Linthal), Historiker August Rohr (Diesbach), David Streiff (Aathal), Antoinette Rast-Eicher (ArcheoTex Ennenda) sowie Kunsthistoriker Daniel Aebli (Ennenda). Ebenfalls habe ich Bilder und Dokumente erhalten von: Lavinia Parziale und Antonio Visconti (Fondazione Famiglia Legler), Fritz Rigendinger und Erika Kamm (Landesarchiv des Kantons Glarus), Mitarbeitende der Landesbibliothek des Kantons Glarus, August Berlinger (Verein Glarner Industrieweg), Helen Oplatka-Steinlin (Glarner Wirtschaftsarchiv) und Gaby Weber (Denkmalpflege des Kantons Zürich). Für ihre Hilfe in verschiedenen Belangen danke ich meinem Mann Ralf Jacober, unserer kleinen Tochter sowie meinen Eltern und Schwiegereltern.

Donatoren

Firmen
Confiseur Läderach AG
Fritz + Caspar Jenny AG
R+A Print GmbH

Öffentliche Institutionen
Kanton Glarus – Kontaktstelle für Wirtschaft
SWISSLOS Kulturfonds des Kantons Glarus

Stiftungen
Stiftung Thomas-Legler-Haus

Privatpersonen
Ruth Kobelt-Jenny
Carlo Legler-Schiphorst
Familie von Dr. Fredy A. Legler sel.
Maja Legler-Schläpfer und Familie
Otto Matteo Legler
Federico Matteo Wenner-Erfurth
Giorgio Giovanni Wenner-Jornot
Margrit Wenner-Bollmann
Martin Wenner
Freunde Stab R Br 24

Schweizer Pioniere der Wirtschaft und Technik

1. Philippe Suchard
2. J. J. Sulzer-Neuffert, H. Nestlé, R. Stehli, C. F. Bally, J. R. Geigy
3. Johann Jak. Leu
4. Alfred Escher
5. Daniel Jeanrichard
6. H. C. Escher, F.-L. Cailler, S. Volkart, F. J. Bucher-Durrer
7. G. P. Heberlein, J. C. Widmer, D. Peter, P. E. Huber-Werdmüller, E. Sandoz
8. W. Wyssling, A. Wander, H. Cornaz
9. J. J. Egg, D. Vonwiller
10. H. Schmid, W. Henggeler, J. Blumer, R. Schwarzenbach, A. Weidmann
11. J. Näf, G. Naville, L. Chevrolet, S. Blumer
12. M. Hipp, A. Bühler, E. v. Goumoens, A. Klaesi
13. P. F. Ingold, A. Guyer-Zeller, R. Zurlinden
14. Dr. G. A. Hasler, G. Hasler
15. F. J. Dietschy, I. Gröbli, Dr. G. Engi
16. Dr. E. Dübi, Dr. K. Ilg
17. P. T. Florentini, Dr. A. Gutzwiller, A. Dätwyler
18. A. Bischoff, C. Geigy, B. La Roche, J. J. Speiser
19. P. Usteri, H. Zoelly, K. Bretscher
20. Caspar Honegger
21. C. Cramer-Frey, E. Sulzer-Ziegler, K. F. Gegauf
22. Sprüngli und Lindt
23. Dr. A. Kern, Dr. G. Heberlein, O. Keller
24. F. Hoffmann-La Roche, Dr. H. E. Gruner
25. A. Ganz, J. J. Keller, J. Busch
26. Dr. S. Orelli-Rinderknecht, Dr. E. Züblin-Spiller
27. J. F. Peyer im Hof, H. T. Bäschlin
28. A. Zellweger, Dr. H. Blumer
29. Prof. Dr. H. Müller-Thurgau
30. Dr. M. Schiesser, Dr. E. Haefely
31. Maurice Troillet
32. Drei Schmidheiny
33. J. Kern, A. Oehler, A. Roth
34. Eduard Will
35. Friedrich Steinfels
36. Prof. Dr. Otto Jaag
37. Franz Carl Weber
38. Johann Ulrich Aebi
39. Eduard und Wilhelm Preiswerk
40. Johann J. und Salomon Sulzer, 2. Auflage
41. Fünf Schweizer Brückenbauer
42. Gottlieb Duttweiler
43. Werner Oswald
44. Alfred Kern und Edouard Sandoz
45. Johann Georg Bodmer
46. Sechs Schweizer Flugpioniere
47. Welti-Furrer
48. Drei Generationen Saurer
49. Ernst Göhner
50. Prof. Dr. Eduard Imhof
51. Jakob Heusser-Staub
52. Johann Sebastian Clais
53. Drei Schweizer Wasserbauer
54. Friedrich von Martini
55. Brown und Boveri, 2. Auflage
56. Philippe Suchard, 3. Ausgabe
57. Brauerei Haldengut
58. Jakob und Alfred Amsler
59. Franz und August Burckhardt
60. Arnold Bürkli
61. Von Schmidheiny zu Schmidheiny
62. Rieter (Band 1 Geschichte, Band 2 Technik)
63. Schweizer Flugtechniker und Ballonpioniere
64. Geilinger Winterthur
65. Die Zisterzienser im Mittelalter
66. Ludwig von Tetmajer Przerwa
67. Schweizer Wegbereiter des Luftverkehrs
68. Brauerei Hürlimann
69. Sechs Alpenbahningenieure
70. Zeller AG

71 Hermann Kummler-Sauerländer, 3. Auflage
72 Gottlieb Duttweiler
73 David und Heinrich Werdmüller
74 Vier Generationen Fischer, Schaffhausen
75 Aurel Stodola
76 Rudolf Albert Koechlin
77 Pioniere der Eisenbahn-Elektrifikation, 2. Auflage
78 Tuchschmid, Frauenfeld
79 Drei Generationen Wander
80 Schaffhauser Spielkarten
81 Sieben Bergbahnpioniere
82 Die Linthingenieure im 19. Jahrhundert
83 Bucher: Maschinen- und Fahrzeugbau
84 Fünf Pioniere des Flugzeugbaus, 2. Auflage
85 Heinrich Moser
86 Louis Favre
87 Salomon und Ulrich Zellweger
88 250 Jahre Landis Bau AG
89 Pioniere der Dampfschifffahrt
90 Carl Christian Friedrich Glenck
91 Fünf Generationen Badrutt
92 Zoo Zürich
93 Johann Albert Tribelhorn
94 150 Jahre Lenzlinger
95 Heinrich Fueter
96 Karl Heinrich Gyr
97 Schweizer Pioniere der Erdölexploration
98 Arthur Welti. Ein Schweizer Radiopionier
99 Glarner Textilpioniere
100 Schweizer Erfolgsgeschichten
101 Die einzigartige Geschichte der SV Group
102 Robert Gnehm

In französischer Sprache:

1 Philippe Suchard
2 Daniel Jeanrichard
3 D. Peter, T. Turrettini, E. Sandoz, H. Cornaz
4 J. J. Mercier, G. Naville, R. Thury, M. Guigoz
5 M. Hipp, J. J. Kohler, J. Faillettaz, J. Landry
6 F. Borel, M. Birkigt, e.a.
7 E. Dübi, K. Ilg
8 Maurice Troillet
9 Charles Veillon
10 Alfred Stucky
11 René Wasserman
12 Zeller SA
13 Gottlieb Duttweiler
14 Louis Favre
15 Carl Christian Friedrich Glenck

In englischer Sprache:

1 Daniel Jeanrichard
2 E. Dübi, K. Ilg
3 Rieter (Vol. 1 History, Vol. 2 Technology)
4 From Schmidheiny to Schmidheiny
5 Five generations of the Badrutt family

Sonderpublikationen:

1 Sechs Jahrzehnte. Wandlungen der Lebenshaltung und der Lebenskosten ab 1900
2 100 Jahre Therma Schwanden
3 Alfred Escher
4 Hermann Kummler-Sauerländer: Ein Schweizer Elektrizitätspionier in Deutschland
5 Simplontunnel 1906. Wagnis Elektrifikation – Hermann Kummlers Leitungsbau
6 100 Jahre Genossenschaftsverband Schaffhausen
7 Erdöl in der Schweiz. Eine kleine Kulturgeschichte

Die Reihe wird fortgesetzt.

Impressum

Verein für wirtschaftshistorische Studien

Vorstand:
Dr. Kurt Moser, Präsident
Dr. Hans Bollmann
Dr. Lukas Briner
Prof. Dr. Joseph Jung
Anna-Marie Kappeler
Christian Rogenmoser
Dr. Gerhard Schwarz

Geschäftsführer:
Dr. Bernhard Ruetz

Wissenschaftliche Mitarbeiterin:
lic. phil. Susanna Ruf

Geschäftsstelle:
Verein für wirtschaftshistorische Studien
Vogelsangstrasse 52
CH-8006 Zürich
Tel.: +41 (0)43 343 18 40
Fax: +41 (0)43 343 18 41
ruetz@pioniere.ch
www.pioniere.ch

© Verein für wirtschaftshistorische Studien, Zürich
Alle Rechte vorbehalten
Andréa Kaufmann, «Spinnen, Weben, Drucken. Pioniere des Glarnerlandes»,
Schweizer Pioniere der Wirtschaft und Technik, Bd. 99,
hrsg. vom Verein für wirtschaftshistorische Studien, Zürich 2014.

Redaktion und Lektorat: Dr. Bernhard Ruetz, lic. phil. Susanna Ruf
Gestaltungskonzept: Angélique Bolter, Arnold.KircherBurkhardt AG
Realisation: Daniel Peterhans, Arnold.KircherBurkhardt AG
Produktion: R+A Print GmbH, CH-8752 Näfels

ISBN 978-3-909059-61-4

Nächste Seite:
Die Spinnerei
von Daniel Jenny & Cie.
in Ennenda, 1914.